武汉大学 | 两岸及港澳法制研究书系

思辨 台 港 澳

——祝捷时评集（2014—2016）

祝 捷 | 著

九 州 出 版 社 | 全国百佳图书出版单位
JIUZHOUPRESS

图书在版编目（CIP）数据

思辨台港澳：祝捷时评集：2014—2016 / 祝捷著
. --北京：九州出版社，2017.9
ISBN 978 - 7 - 5108 - 6060 - 7

Ⅰ.①思…　Ⅱ.①祝…　Ⅲ.①时事评论 - 中国 - 文集
Ⅳ.①D609.9 - 53

中国版本图书馆 CIP 数据核字（2017）第 245076 号

思辨台港澳——祝捷时评集（2014—2016）

作　　者	祝　捷著
出版发行	九州出版社
地　　址	北京市西城区阜外大街甲 35 号（100037）
发行电话	（010）68992190/3/5/6
网　　址	www. jiuzhoupress. com
电子信箱	jiuzhou@ jiuzhoupress. com
印　　刷	北京九州迅驰传媒文化有限公司
开　　本	720 毫米×1020 毫米　　16 开
印　　张	13.25
字　　数	225 千字
版　　次	2017 年 11 月第 1 版
印　　次	2017 年 11 月第 1 次印刷
书　　号	ISBN 978 - 7 - 5108 - 6060 - 7
定　　价	38.00 元

目　　录

对台政策的宏观与微观

两岸交往的动与静

岛内政治的罪与罚

两岸法制的进与退

国际空间的实与虚

台湾社会的名与实

港澳治理的喜与忧

对台政策的宏观与微观

两会对台讲话体现政治底线和政治定力

2016 年全国两会召开以来，习近平、李克强、俞正声等领导同志连续发表对台讲话，在两岸关系和平发展可能遭遇重大变局的关键时期，展现大陆遏制"台独"的政治底线和继续推进两岸关系和平发展的政治定力，为后"政党轮替"时期两岸行稳致远奠定了基础。

"九二共识"是大陆对台政策的政治底线

习近平总书记指出："承认'九二共识'的历史事实，认同其核心意涵，两岸双方就有了共同政治基础，就可以保持良性互动。"习近平总书记的讲话，再次澄清了"九二共识"在两岸交往中的性质和地位，将"九二共识"明确为中央对台政策和两岸关系的"政治底线"。由于种种原因，"九二共识"在两岸关系的论域内屡遭质疑乃至否定，台湾地区部分政治团体和政治人物试图虚化"九二共识"的表述和核心意涵，用虚幻的、符号化的"九二精神"或"宪法共识"等替代"九二共识"。2016 年台湾地区领导人选举结束后，社会舆论对于大陆能否继续坚持"九二共识"，甚至是否会与民进党方面达成新的"共识"议论纷纷。作为"九二共识"替代品的各种理论、学说、方案层出不穷。"九二共识"的历史地位承受着空前的考验。

习近平总书记的讲话，首次将"九二共识"明确为"历史事实"，既有效驳斥了仅仅将"九二共识"视作国共两党共识的错误观点，也对将"九二共识"视作两岸对"一中"共同认知的现状进行了补充。作为一项"历史事实"，"九二共识"是客观发生的，"不以尧存、不以桀亡"，既不因台湾地区内部政治局势变化而变化，也不因台湾地区某些政党是否认同或者是否改变认同而发生变化。只有认同"九二共识"，承认"一个中国"铁一般的历史事实，两岸关系和平发展和两岸良性互动才有可能性。因此，"九二共识"实际上已经成为大陆对台政策退无可退的"政治底线"。

"九二共识"的政治底线标定两岸警示各方

"九二共识"作为政治底线，严正警告"台独"分裂势力，大陆维护国家统一和主权完整的决心没有在八年和平发展的温柔海风中退化，也没有为民进党再度执政的岛内舆情左右。习近平总书记明确指出："我们将坚决遏制任何形式的'台独'分裂行径，维护国家主权和领土完整，绝不让国家分裂的历史悲剧重演。"任何试图挑战"九二共识"底线和中央对台决心的行为，都将受到历史和民族的严惩。

"九二共识"作为政治底线，也为沉浸在"小确幸"中、试图"两耳不闻窗外事"的人们敲响了警钟。"台独"带不来"小确幸"，承认"九二共识"是"小确幸"的基本前提，漠视"九二共识"、不承担对于两岸关系和平发展的应有责任，最终将搬起石头砸自己的脚！

"九二共识"作为政治底线，还提醒着对"台独"分裂势力还抱有幻想、试图"以退让换和平""以退让换发展"的人们，无原则的"退让"换不来"台独"分裂势力的"真心"，只能让"台独"分裂势力获得更大的施展空间。"九二共识"作为政治底线，绝不仅仅是宣示性的，而是将作为中央对台政策的基石，体现在未来对台战略和策略的方方面面，成为台海和平的定海神针！

稳健发展的两岸政策体现大陆对台的政治定力

台湾地区三度政党轮替后，面对多变的台湾内部政局，大陆对台政策变还是不变，如何变化，成为人们关注的焦点。习近平总书记明确指出："我们对台大政方针是明确的、一贯的，不会因台湾政局变化而改变。"这种稳健发展的两岸政策，体现了大陆应对台湾再度政党轮替乃至政党轮替可能常态化新形势时的政治定力。政党政治和选举政治的特点，决定了台湾地区的政治局势必将更加波诡云谲、热闹纷呈，台湾地区政治团体和政治人物也将更加善变。应对多变的台湾政局，唯有保持政治定力，不因台湾地区政治局势的风吹草动而动摇对台大政方针，也不因台湾当局、政党和政治人物的更替转变而手足无措。保持两岸关系和平发展的势头不后退，是两岸同胞的共同心愿，也顺应了台湾同胞求和平、思安定、谋发展的心理，是不可逆转的历史潮流。保持政治定力，就是顺应了这一历史潮流的发展趋势，顺应了两岸民心所向！

保持政治定力，并不意味着故步自封和一味守旧。本次两会，习近平、李克强和俞正声在涉台讲话中，都提出了继续推动两岸关系和平发展的具体措施。从"深化两岸经济社会融合发展"，到"同台湾同胞共担民族大义，共享发展机遇"，再到"开展面向台湾青少年的体验式交流"，涉台举措的新表述、新思维和新亮点频出，这些新举措都精准发力，面向"三中一青"和台湾基层，为重新打牢扎紧两岸关系的基础助力。

在两岸面临变局的历史关口，2016 年两会回答了如何看待和应对台海局势和两岸关系的重大问题，为后 2016 对台政策奠定了基调，也为走出今年年初以来的两岸政策迷雾指明了方向。以此政治底线和政治定力为前提和保障，无论台海风云如何变幻，两岸关系和平发展和国家统一的正确方向都不会动摇！

发表时间：2016 年 3 月 10 日

原文链接：http://www.chbcnet.com/zjps/content/2016 - 03/10/content _ 1220621. htm

"九二共识"是台湾生存和发展的基础

"5·20"临近，台湾执政权轮替在即，两岸是继续2008年以来柳暗花明的和平发展局面，还是让阴云重新密布台海上空？两岸关系已经来到2008年以来最为关键的历史节点。即将重新执政的民进党和蔡英文至今没有承认"九二共识"，而是用含糊的"九二会谈""中华民国宪政体制"等词语回避重点。民进党和蔡英文大概是错误地预估了大陆坚持和维护"九二共识"的信心与决心，也错误地预估了"九二共识"之于台湾地区的重要意义。对于大陆而言，"九二共识"是处理对台事务和推进两岸关系和平发展的基石，但对于台湾而言，"九二共识"不仅是与大陆发展关系的基石，也是台湾自身生存和发展的基础。

面对大陆的善意和警告，民进党不是去谋求"去台独化"的转变和思考两岸关系的未来，而是采取三招应付之：其一，谋求美日等大国的同情和支持，甚至不惜出卖中华民族整体利益，试图"挟洋自重"；其二，经济上"去大陆化"，推行"新南向政策"，试图弱化台湾与中国大陆的经济联系；其三，继续挑动台湾民粹，试图将"选举民意"转化为"独立民意"，用台湾民粹化的民意作为对抗大陆的资本。尽管民进党尚未正式上台，准执政团队已经在各种场合显露出上述三招的痕迹。民进党和蔡英文的如意算盘大概是，不承认"九二共识"或许不再能够从中国大陆继续获得发展红利，但并不妨碍台湾的生存与发展，台湾大可以在两岸交往淡化甚至再度隔绝的情况下，在台海之外寻求发展空间。这种升级版的"戒急用忍"政策大约是打错了算盘，也严重低估了"九二共识"之于台湾地区的重要意义。

"九二共识"是1992年两岸为解决事务性商谈中的一个中国原则问题而形成的共识。"九二共识"形成之双方，均为当时两岸受公权力机构委托的民间团体，是在当时足以代表两岸的权威机构。"九二共识"不是如"台独"分裂势力所言是国共两党共识，或者是"密室共识"，而是两岸堂堂正正的权威性共识，也是基于历史事实所形成的客观存在。不管台湾地区政治局势如何变化，"九二共识"及其所体现的历史事实，都不会改变！

　　"九二共识"形成于两岸事务性商谈，但其适用范围绝不限于事务性商谈。经过20余年的发展，"九二共识"已经成为两岸各界所公认的公理性共识，不仅为大陆方面所确认，其核心意涵也为台湾地区相关规定和台湾主流民意所认同。1990年以来的历史表明，凡是台湾方面违逆"九二共识"，形成所谓"两国论""一边一国""入联公投"等形形色色"台独"论调时，不仅两岸关系发展跌落冰点，台湾自身的安全和生存也处于不安定的状态；凡是台湾方面认同"九二共识"时，不仅两岸关系和平发展一帆风顺，两岸分享和平发展的红利，而且台湾自身的安全和生存也得以保全和稳定。可以说，没有"九二共识"，就不可能有两岸关系和平发展，不承认"九二共识"，台湾的生存和发展就要受到限制。

　　"九二共识"不仅是两岸共识，也是一项国际共识，是获得国际社会广泛承认和遵守的国际法规范，台湾地区的所谓"国际空间"完全有赖于"九二共识"。自《开罗宣言》以降，《波茨坦公告》、中国和美日等国的建交公报和其他国际法律文件，特别是联合国2758号决议，都包含"台湾归属于中国""世界上只有一个中国"等内容。尽管这些国际法律文件囿于时代的限制，不可能出现"九二共识"的表述，但其规定体现了"两岸同属一中"这一"九二共识"的核心意涵，也将"九二共识"从一项两岸的政治共识，提升为国际法规范。台湾当局之所以能够以各种名义参加国际奥委会、世界贸易组织以及众多国际渔业组织的活动，甚至成为一些国际组织的正式成员，都有赖于在一个中国框架内的制度安排，是"九二共识"在"国际空间"的具体运用。2008年以来，台湾地区能够以"观察员"名义参加世界卫生组织的活动，也是马英九当局承认"九二共识"的结果。民进党和蔡英文方面应当厘清"九二共识"和台湾地区参与"国际空间"之间的因果关系，在回归"九二共识"的前提之下讨论台湾地区"国际空间"的问题。

　　"九二共识"不仅管着台湾地区的"大事"，也管着台湾民众的"小事"，是台湾民众维持现有生活价值和生活方式的前提。由于台湾承平日久，两岸波澜不惊，一股"小确幸"的思潮在台湾人群特别是青年社群中盛行起来。不要"大的国"，只要"微小而确定的幸福"，成为影响台湾青年社群的重要思潮。这种"去政治化"的政治冷感思潮，迎合了台湾民众厌倦政治、远离政治、享受生活的旨趣，但在客观上也助长了部分台湾民众对大陆的冷漠感和疏离感。在"小确幸"的论述框架中，社会制度、国家统一都让位于生活价值，"一个中国"成为与己无关的宏大幻象，"两岸统一"更是虚无缥缈的政治工程。部分台湾民众在"小确幸"中自我麻痹和沉醉。"小确幸"最盛行的时代，正好是两岸关系和平发展的时代，部分台湾民众将"小确幸"想象成为自然而然的生活价值，而忽视和误解了"小确幸"的时代背景。须知，没有"九二共识"所缔造的两岸关系和平发展良好局面，台湾无处安放"小确幸"们的闲情逸致。"九二共识"是因，在"九二共识"之下，台湾民众大可以自由选择各自偏爱的生活方式，"小确幸"们是"九二共识"的果，而不是独立于"九二共识"的存在。

"九二共识"之于台湾的意义和价值，无论如何评估都是不为过的。没有"九二共识"，就没有台湾的生存和发展，也没有台湾的未来。两岸关系到了历史的关键节点，民进党和蔡英文即便罔顾民族大义，罔顾两岸关系和平发展的大局，也应当从台湾自身安全和发展利益的角度，认真对待"九二共识"，认真对待大陆的善意和警告，认真对待台湾的前途命运，回归"九二共识"的正确方向，夯实台湾生存与发展之基！

发表时间：2016 年 5 月 12 日

原文链接：http：//www.chbcnet.com/zjps/content/2016 - 05/12/content _ 1231997.htm

对台政策精准发力有助
两岸交流再升温

　　近日，台湾地区八个由泛蓝阵营执政的县市行政首长"登陆"，希望以"九二共识"挽回大陆观光客。大陆方面以高规格接待，各界舆论纷纷猜测大陆将以此八县市为核心，规划大陆游客赴台游的新路线，改写台湾旅游业图谱。种种猜测尽管仍有待证实，但大陆显现出希冀通过更加精准的政策发力，加强对台政策有效性。

　　在两岸隔绝时期，台湾在大陆的政策谱系中，被想象为一个"黑箱"。台湾的政治差异、文化差异、阶层差异、地区差异、族群差异、职业差异、产业差异乃至于性别差异等细节，在大陆进行政策谋划时均被忽略。自两岸恢复交流以来，特别是 2008 年两岸进入和平发展新时期以来，大陆对台政策采取普惠制，"台湾"作为整体被折叠成单一的政策对象。在此种思维之下，台湾尽管在整体上受益于两岸关系和平发展，但由于岛内社会的差异性，部分台湾民众获得的两岸红利较多，而部分台湾民众则获利较少。两相比较，后者自然产生自己没有从两岸关系和平发展中获利的错觉。这部分民众，也成为 2014 年以降台湾地区社会运动的主力和推动 2016 年台湾地区再度政党轮替的基础力量。2014 年起，大陆面向中小企业、中低阶层收入、中南部民众和台湾青年（即"三中一青"）出台一系列政策，着力提升"三中一青"人群在两岸关系和平发展中的获得感，为大陆对台政策精准发力之滥觞。

　　台湾地区自有其整体性特点，但台湾作为一个社会，也具有精巧、复杂的社会结构。将折叠的台湾徐徐展开，社会的细节、阶层的细节以至于人的细节展露无遗。整体性的惠台政策尽管能够让台湾社会整体感受到大陆的善意，享受两岸交往的红利，但具体到个体时，由于政策差异性不足，导致个体感受殊异。面对一个细节丰富的台湾社会，不应当只有一种对台政策，对台政策在坚持底线的前提下，也应当充满灵活性。更加多元、更加灵活的对台政策，将有利于针对台湾社会的每一个细节精准发力，从而收获更加良好的政策效果。

本次泛蓝执政县市行政首长"登陆"的事例，给出了最佳的答案。中国大陆是台湾经济不可或缺的依赖，台湾地区希望与大陆保持甚至继续发展经贸关系的县市大有所在。一些民进党或者偏向民进党的县市行政首长，也希望两岸"冷和平"的局势，不要对所在县市与大陆发展实质性经贸关系产生消极影响。泛蓝执政县市的行政首长能够顺利"登陆"，本质上仍因泛蓝阵营坚持"九二共识"的政治立场。"九二共识"无论何时，都构成大陆对台政策主轴，两岸政策是以"九二共识"为标尺，在"九二共识"基础上呈现出灵活性。对台政策精准发力的关键要义，就是在于将惠台政策真正落实在承认"九二共识"的群体上，不认同甚至否认"九二共识"的群体，不再也不应享有普惠式的红利。在这个意义上，"九二共识"构成泛蓝执政县市获得惠台政策精准发力的关键。

忽略细节的对台政策，是两岸隔阂的产物。当两岸进入大交往时期，台湾地区的每一个县市、每一个阶层、每一个族群、每一个团体，乃至于每一个人，都作为大陆对台政策关照的对象。精准发力的对台政策，将两岸交流的春风精准地吹向每一个认同"九二共识"的台湾民众，又将遏制"台独"的决心与信念传递给至今仍存幻想的岛内群体。通过精准发力，让认同"九二共识"者受益，唯其如此，台湾民意方可真正认识什么是台湾生存发展的基础，什么是台湾民众利益损益的关键，从而推动台湾地区政治局势发生有利于两岸关系和平发展的变化，推动两岸交往实现再升温！

发表时间：2016 年 9 月 23 日

原文链接： http：//www.chbcnet.com/zjps/content/2016 - 09/23/content _ 1257990.htm

"六个任何"是遏制分裂的政治强音

习近平总书记在纪念孙中山诞辰150周年大会上，明确提出："我们绝不允许任何人、任何组织、任何政党、在任何时候、以任何形式、把任何一块中国领土从中国分裂出去"。这"六个任何"再次表明了中国政府和人民对于分裂势力的态度，是遏制"台独""港独"等分裂势力的政治强音。

统一是国家兴盛、民族复兴和人民幸福的保障。中国历史和世界历史的经验都表明，没有国家的统一，政治稳定、经济繁荣、文化昌盛和社会和谐就是一句空话，人民的生命安全和幸福生活更是无从谈起。维护国家统一，不仅是为了主权尊严和政权安定，更是为了每一个中国人的切身利益。当前，"台独"、"港独"分裂势力分别在台湾和香港进行分裂活动，而且已经出现"两独"合流的趋向，危害国家统一，也危害到中华民族和中国人民的根本利益。中国政府和人民对待分裂势力的态度是十分清晰的，以政治、军事、法律、宣传等手段打击与防范"台独""港独"等势力。"六个任何"的语气以及对于分裂势力、分裂活动、分裂形式的列举，是近年来最为严厉、最为全面的，表明了中国政府和人民对于分裂势力的坚决态度和遏制分裂势力的坚定信心。

台湾岛内分裂势力从未停止过活动。2016年台湾地区再次出现政党轮替后，"台独"势力的气焰更加嚣张。岛内支持统一和两岸关系和平发展的声音逐渐微弱，传统泛蓝阵营出现裂解痕迹，岛内政治生态和政治格局不容乐观。而在香江对岸，香港"本土主义"势力最终转化为"港独"，"一国两制"在香港受到严峻挑战，香港繁荣稳定的法理基础和政治基础受到冲击，香港政治局势和社会发展前景遭遇挫折。

继续遏制"台独""港独"，继续保持国家统一和领土完整，继续维护两岸关系和平发展来之不易的良好局面，维护香港长期繁荣稳定，"六个任何"给出了鲜明的态度，也指明了未来开展具体工作的方向。对于两岸局势，习近平总书记在与国民党主席洪秀柱会晤时提出新的六点意见；对于香港问题，全国人大常委会在香港社会发展的关键时期释法，有理有利有节地解决"港独"势力所挑起的宣誓风波,向"港独"和香港社会释放了明确的信号,是夯实香港基本法宪制的重要支柱。这一系列的举动都表明,遏制"分裂"势力尽管前路艰难,但是能够落实习近平总书记所强调的"六个任何",前景仍然向好!

"六个任何"是政治态度,是坚定立场,也是指示具体方略的指针。对于"台独"势力,坚持"九二共识"的政治底线不后退,是当前坚持"六个任何"的必然要求。"九二共识"是处理两岸关系的基本原则,不承认"九二共识",就是否认"两岸同属一中"的政治现实、历史事实和法理基础,两岸正常交往就会受到影响。习近平总书记多次强调,台湾任何党派、团体、个人,无论过去主张过什么,只要承认"九二共识",认同大陆和台湾"同属一个中国",我们都愿意同其交往。这句话的确释放了善意和诚意,但不能认为这句话是对台湾地区政治势力和政治人物无原则地退让和迁就。近期举办的"两岸和平发展论坛",一些过去经常被邀请的政治团体和政治人物缺席,也说明"九二共识"是一条政治底线,试图动摇这条底线,在"九二共识"和"台独"之间搞暧昧的政治势力和政治人物,同样无法参与两岸交往的正道。这个明显的信号,台湾方面的各政党、政治人物和台商、台生等经常来往两岸的群体,都应该去仔细体会,读懂"六个任何"的内涵与警示意义。

对于"港独"势力,坚持"一国两制"方针不动摇,坚持在基本法框架内运用法律、宣传的方法应对,维护特别行政区制度在香港的实施,是坚持"六个任何"的必然选择。与台湾情况不同,香港已经回归而且成为中华人民共和国的特别行政区。作为全国性法律的基本法建构了一整套完整的特区政治体系和法律体系,对香港特区进行着有效的管制。"港独"虽然在某些舆论场合和街头运动中有所影响,但终究不是香港的主流,也不为香港市民所普遍认可。对于"港独",根本在于遏制"港独"行为的扩展和"港独"氛围的弥散,防止"港独"势力走向极端化。人大释法,既不是干预香港内部事务,又不是干预香港司法机构独立行使审判权和终审权,也不是不信任香港司法机构,而是中央对香港实施管治权的一次具体运用。人大释法,为遏制"港独"行为、驱散"港独"氛围提供了法理依据,也为香港司法机构对"港独"势力涉及的案件进行公正裁判提供了基本法依据,是构成香港法治的重要组成部分,是落实"六个任何"的必要之举。

"六个任何"宣示了中国政府和人民遏制分裂势力的决心与信心,也丰富了国家统一的理论与实践，践行"六个任何"也是中华民族实现伟大复兴的必要前提和正道所在，值得每个中华儿女不分地域和党派为之努力。各方政治势力和政治人物，尤其是分裂势力，不应当仅仅将之当作一个"口号"，更不应当低估中国政府和人民践行"六个任何"的决心与信心！

发表时间：2016 年 11 月 17 日

原文链接：http：//www. chbcnet. com/zjps/content/2016 - 11/17/content _ 1267802. htm

"寄希望于台湾人民"需要新话语体系

近一周以来，龙应台女士伴随着《我的祖国》又在网络空间刷屏，"一条大河"引发的争论至今仍未完全消散。厌倦了凡事"上纲上线""姓资姓社"的人们可以说，这不过一个文艺问题么。不太喜欢"小确幸"腔调的人们也可以说，《我的祖国》体现了对于祖国的眷恋与热爱，绝非更在乎"小民尊严"的龙女士所能理解。基于两岸宪制性规定和香港特别行政区基本法都认可的言论自由原则，龙应台女士当然有权说"大河就是大河"，其余人士也有权说"大河不仅是大河"。从他们的个体而论，"一条大河"究竟是什么，或许只是互联网空间为数不多还能持续一周以上的一个热门话题，但对于两岸关系而言，的确是一个值得思考的关键问题。

早有论者指出，两岸的分与合，既是一个国家内政治对立的消除，也是两种社会制度和生活方式的竞争。马英九在 2008 年的"5·20"讲话中，明确提出"两岸问题最终解决的关键不在主权争议，而在生活方式与核心价值"。尽管大陆一再强调"两岸命运共同体"和"两岸一家亲"，但两岸间的竞争与博弈，仍然是不可避免的主题词，竞争与博弈的胜负，是台湾民众观望、选择的重要指标，甚或是大陆民众普遍关心关注的"国本"问题。

两岸的竞争，从冷战时期的政治竞争、军事竞争，再到经济竞争，大陆已经在这些领域建立起了对于台湾地区的全面优势。在政治影响力、军事实力、经济总量与竞争力方面，大陆已经远远地超过了台湾地区，台湾对于大陆的心理优势和优越感被一个个击穿。过去的台湾，曾自诩"文化中国"，以"中华正统"自居，试图建构起对于中国大陆的文化优势，而在"去中国化"的浊流中，"文化中国"被"文化台独"取代，光辉灿烂的中华文化比不过几个南方岛屿的原始符号。台湾与大陆的竞争优势，开始转向以个体性的自由主义为核心的价值观念和话语体系。风靡岛内的"小确幸"也正是在这种背景下，逐渐成为岛内的主流话语，成为岛内用于建构对大陆心理优势的话语体系。

龙应台女士在回应文章中写道："歌所带出来的个人记忆当然不同，可能是往日初恋，可能是家国情怀，可能是某种不堪回首，可能什么都没有，就是那简单美丽的旋律；那是非常纯净的几分钟。"的确，龙应台的回应十分精彩：你可以把《我的祖国》视为"家国情怀"，他可以把《我的祖国》看得"不堪回首"，而我也可以把《我的祖国》化约为"什么都没有"，这种尊重多元选择、尊重个体差异的言论，实在是算无遗算，真的是无懈可击！作为生长在海峡对岸的"小确幸"们，没有具体的历史语境和成长环境，不了解《我的祖国》的历史感，也就罢了；就是很多"生在红旗下、长在春风里"的大陆人，明知龙应台女士话有所指，也无法回应，"哑巴吃黄连"的滋味，可能大抵如此。这就是话语体系的力量，这就是话语权的重要性所在！

摒弃国家民族、只谈个体的价值观已经在台湾地区甚嚣尘上，而这种价值观在传统西方自由主义为核心的话语体系的包装下，借助"民主""人权""法治"，以及诸如"多元价值""和解共生"等华丽辞藻，在台湾乃至于两岸间大行其道。对于台籍日本兵的"追思"，可用"多元社会"来美化，对于形形色色的"台独"言论，可用"价值选择"来搪塞，就是近日的"纳粹装"事件，也可以用"言论自由"来掩盖。

习近平总书记用"有理说不出，说了传不开"描述话语体系受困的境地。这一描述对于大陆对台话语体系是完全适用的。必须承认，一些政策话语和政治话语在原理、观点和立场上都是正确的，但这种"正确性"却抵不过"小确幸"们形形色色的"政治正确"话语，不仅说不出、传不开，就是传开了，也在岛内陷入"没人信"的境地。所以，龙应台女士可以用"大河就是大河"，轻松地挑开所有的意识形态质疑，还能在大陆找到为数众多的同情者、维护者。大陆所心心念念建构的民族自豪、国家自豪和"大国崛起"话语，在面对"大河就是大河"这样的话语时，竟无还手之力，不仅不知道如何反驳，连"为什么要反驳"都找不到理由，好像一旦"反驳"就是政治不正确，就是侵犯"多元选择"。出现这样的窘境，除了因为龙应台女士高超的文字艺术外，大陆自身的话语体系缺失、不力，要承担相当大的责任。

"小确幸"们将具有明显意识形态偏好的观念，包裹在"理性、中立、客观"的华丽外衣之下，用"理中客"的"政治正确"，建构一套足以抵消大陆在政治、军事和经济等各方面优势的话语体系，为台湾地区重构对于大陆的心理优势和竞争力提供支撑。而大陆的话语体系，则将不容置疑的历史事实、确定无疑的政治现实和明白无误的客观现象，用意识形态较强的话语表述出来，在话语的华丽性、适应性、认受性上，就已经棋输一招，更不要说传不传得出去，有没有人信的问题。"寄希望于台湾人民"首先要建构起台湾人民听得进去、能信赖的话语体系，怎样建立叫得响、传得开、有人信的大陆对台新话语体系，是落实"寄希望于台湾人民"必须面对和思考的关键问题。

发表时间：2016 年 12 月 27 日

原文链接：http：//www.chbcnet.com/zjps/content/2016 – 12/27/content ＿ 1274719.htm

习近平总书记对台重要讲话的语言艺术

十八大以来，台海风云变幻，两岸关系和平发展受到严峻挑战。面对日趋复杂的台海局势，习近平总书记提出一系列关于台湾问题和两岸关系的新思想、新战略和新理论。习近平总书记对台重要讲话，已经构成习近平治国理政思想的重要组成部分，为对台工作建构了思想基础和行动指南。目前，学界对于习近平总书记对台重要讲话的核心理念、基本思想和主要内容已经有了较多的讨论，但对于语言艺术的研究尚付阙如。语言是讲者思想的载体，语言艺术既是表达思想的方式，也是说服听者的策略，以理服人和以情动人，说到底都是以语言的力量去说服、打动听者。一个思想成熟的讲者，必然是一位语言大师。习近平总书记对台重要讲话，既体现习近平一以贯之的语言风格与特点，又结合台湾问题和两岸关系的具体情况，具有针对性、启发性和指引性，是理解和把握习近平总书记对台重要讲话的必要方式和路径。

一、高屋建瓴：精确凝炼标识性概念统摄全局

习近平总书记在哲学社会科学工作座谈会上的讲话中指出，要善于提炼标识性概念，打造易于为国际社会所理解和接受的新概念、新范畴、新表述。标识性概念是构建话语体系的观念，是统摄理论体系和战略体系的关键，也是新理论、新思想、新战略能不能叫得响、传得开、有人信的关键。一个高度凝炼、表征明确、内涵丰富的标识性概念，将起到"纲举目张"的良好效果。

习近平总书记针对台湾问题和两岸关系概括凝炼了一系列标识性概念，围绕这些标识性概念的理论言说、政策铺陈和策略展开，构成习近平总书记对台重要讲话的基本方法论。在这些标识性概念中，"两岸一家亲"构成政策基础，"两岸命运共同体"构成核心理念，两个标识性概念精准定位、相

互关联，为新时期对台工作奠定了思想基础。

"两岸一家亲"构成大陆对台政策制定的认知基础和事实基础。2014 年 2 月 18 日，习近平总书记在会见国民党荣誉主席连战时强调，希望两岸双方秉持"两岸一家亲"的理念，顺势而为，齐心协力，推动两岸关系和平发展取得更多成果，造福两岸民众，共圆中华民族伟大复兴的中国梦。2014 年 5 月 7 日，习近平总书记在会见亲民党主席宋楚瑜时，再次以"两岸一家亲"为主轴，提出只要两岸双方都从"两岸一家亲"的理念出发，将心比心，以诚相待，就没有什么心结不能化解，就没有什么困难不能克服。当前，两岸尽管仍未完全结束政治对立，"台独"分裂势力在岛内依然呈"坐大"之势，但两岸紧密的地缘关系和亲缘关系没有变，两岸民众无法割舍的血缘关系与情缘关系没有变，"两岸一家亲"概括了这种两岸民众基于地缘、亲缘、血缘和情缘结成的关系，描述了两岸尽管尚未结束政治对立，但无论在历史渊源、现实关联还是未来联结上，都是"一家人"的亲密关系。十八大以来，尽管两岸风云变幻莫测，但大陆对台政策依然立基于推动两岸关系和平发展，让两岸关系的红利惠及绝大多数两岸民众，用切实的情感交流和利益共享贯彻"寄希望于台湾人民"的方针，这些都是秉持"两岸一家亲"理念的政策抉择。

"两岸命运共同体"构成大陆对台政策的核心理念。习近平总书记多次强调"两岸命运共同体"的重要意义。"两岸命运共同体"作为标识性概念，能够统摄两岸历史、现实和未来：（1）2015 年 9 月 1 日，习近平总书记会见前来参加中国人民抗日战争暨世界反法西斯战争胜利 70 周年纪念活动的台湾各界代表人士时，强调"透过近代历史风云，两岸同胞深刻体会到，大陆和台湾是不可分割的命运共同体，我们的命运从来都是紧紧连在一起的"，"两岸命运共同体"是对于近代以来两岸共同面临的历史遭遇的总结，正是两岸共同的民族记忆构成了两岸命运共同体的历史基础；（2）2015 年 5 月 4 日，习近平总书记会见朱立伦时，提出国共两党应共同开创两岸关系未来、建设两岸命运共同体，并就此提出了五点意见，这五点意见涵盖坚决反对"台独"的政治基础、实现两岸利益融合的宗旨、推进两岸交流的重心、国共两党交往相处的关键、实现中华民族伟大复兴的目标等方面，从建设"两岸命运共同体"的角度，比较完整地提出了当前两岸交往的推进思路和主要框架；（3）2016 年 3 月 5 日，习近平总书记在参加十二届人大四次会议上海代表团审议时，提出"我们将持续推进两岸各领域交流合作，深化两岸经济社会融合发展，增进同胞亲情和福祉，拉近同胞心灵距离，增强对命运共同体的认知"，将两岸命运共同体上升至两岸交往目标层次的高度。"两岸命运共同体"在历史、现实和未来三个维度上，廓清了两岸关系的历史渊源、现实纠葛和未来目标，是对于两岸关系发展在相当长一段时期的高度凝炼与概括，因而是足以统摄两岸关系发展的全局。

"两岸一家亲"和"两岸命运共同体"建基于对于两岸历史的深邃思考，立足于对于两岸现实的深刻关切，着眼于两岸未来的深远布局，是对于新形势下两岸关系全局进行总体判断凝练、抽象而成的标识性概念，发挥着统摄两岸关系全局的重要作用。

二、善用修辞：用鲜活的语言阐释深刻的道理

语言艺术是说服与被说服的艺术。修辞术作为语言艺术的精髓，其运用对于增强语言的感染力、表现力和说服力颇有裨益。两岸关系和台湾问题的话题具有政治的严肃性和敏感性，一些重大提法有着约定俗成的意涵，普通民众可能产生误解或不了解，从而削弱语言的力量。特别是十八大以来，一些新的战略思想政治性强，如果简单使用刻板的政策语言、晦涩的学术语言，可能难以向两岸民众阐明。习近平总书记对台重要讲话，注意修辞术的运用，综合运用各类修辞手法，或生动形象，或气势雄浑，或文辞斐然，将深刻的道理用鲜活的语言予以阐释。

两岸关系历经风波，多有反复，既有1992年两岸达成"九二共识"的历史时刻，也有李登辉访美、"两国论"的波折，既有陈水扁执政八年所带来的伤害与隔阂，也有2008年至2016年间两岸关系和平发展带来的成果与繁盛。2008年后，两岸关系再度发生变化，从"冷和平"到"冷对抗"的态势逐渐形成，"比冷更冷"的情势不断击穿两岸交往的底线。面对复杂的两岸关系，习近平总书记用人们常见的走路作比，在2013年6月13日会见吴伯雄时提出，两岸关系发展是大势所趋，我们应该据此确定自己的"路线图"，继续往前走；在2014年2月18日会见连战时，提出两岸关系和平发展道路是一条维护两岸和平、促进共同发展、走向民族复兴、造福两岸同胞的"正确道路"，两岸同胞要坚定信心，排除一切干扰，沿着这条道路"一步一个脚印走下去"。无论是"路线图"，还是"正确道路"，以及"一步一个脚印走下去"，都突出两岸关系和平发展道路的必要性和可行性，也

强调了这条道路的复杂性和艰巨性。习近平总书记用比喻和类比的修辞法，生动阐述了预先谋划和认真设计对于走好两岸关系和平发展道路的必要性，也对认识两岸关系的长期性和反复性，鼓足干劲坚定走好这条道路发挥了重要作用。

走好两岸关系和平发展道路的关键是坚持"九二共识"及其核心意涵。习近平总书记将坚持"九二共识"、反对"台独"的共同基础，比喻为"两岸关系之锚"，并且提出"锚定了，才能任凭风浪起、稳坐钓鱼台"。这一系列修辞的运用，首先确定了坚持"九二共识"、反对"台独"在两岸关系中的基础地位，将"九二共识"对两岸关系的稳定、坚守、维系功能，用"锚"进行比喻，形象且贴切；又用"锚定了"和"任凭风浪起、稳坐钓鱼台"的因果关系，描述"九二共识"与两岸关系和平发展的关系，事理清晰，逻辑明确，又具有很强的视觉感和画面感。为了彰显中国大陆反对"台独"的坚强决心，习近平总书记在纪念孙中山诞辰150周年大会上，用"我们绝不允许任何人、任何组织、任何政党、在任何时候、以任何形式、把任何一块领土从中国分裂出去"的"六个任何"表明立场。这"六个任何"用排比的修辞方法，对于分裂势力、分裂活动、分裂形式的列举，都是近年来最为严厉、最为全面的，在语气上也是斩钉截铁、气势如虹、震人心魄，将中国政府和人民反对"台独"、维护国家统一的坚强决心与信心展现无遗。

两岸同胞同属一个中华民族，两岸血溶于水的情感是国家统一和两岸关系和平发展的情感维系和心理基础。对于这份血脉联系，习近平总书记用"同根同源、同文同宗，心之相系、情之相融"来加以描述，这十六个字连用四个四字短语，前八个字在音律上具备押头韵的美感，后八个字在形式上讲究对仗的工整，不仅将两岸同胞的血脉联系讲透彻了，而且具备语音和文字的美感，情真意切，表意准确，意韵深远。对于两岸同胞命运与民族命运的关系，习近平总书记又运用了对偶的修辞法，提出"民族强盛，是同胞共同之福；民族弱乱，是同胞共同之祸"，将两岸同胞与民族兴亡的关系揭示得十分清晰。对于两岸同胞的种种复杂关系，习近平总书记在2015年11月7日与马英九会面的讲话中，使用了"打断骨头连着筋"的表述，不仅形象地说明了两岸尽管历经分合、摩擦乃至兵戎相见，但始终命运与共、血脉相连的历史情怀，而且与此恳切，感人至深，已经成为两岸交往的经典用语之一。

对台工作的政策宣示和立场言说，本是一项政治性极强的工作，一些重大提法也务求准确。习近平总书记在对台讲话中，多次运用了修辞方法，为对台政策宣示和立场言说注入了新的活力，也增强了语言的说服力和感染力，让敏感、严肃的对台工作话语更具鲜活感和生命力。

三、朴实动人：真情实感鼓舞和凝聚两岸民心

两岸民心承载着两岸交往的航船，民心所想所盼，就是两岸关系发展的根本方向。如何鼓舞和凝聚两岸民心，是对台工作的重要环节，也是坚持寄希望台湾人民的方针绝不动摇所必需。鼓舞和凝聚两岸民心，需要政策引导和宣示，需要利益的释放与互惠，但归根到底还是需要以真情实感打动两岸民众，特别是打动台湾民众。习近平总书记对台系列讲话，秉持平易近人的一贯风格，以朴实的话语表现真情实感，触动两岸民众心灵，也展现了大陆推进两岸关系和平发展、造福两岸民众的诚意，对于鼓舞和凝聚两岸民心具有重大意义。

两岸民心的凝聚究竟在两岸交往中占据什么样的地位，发挥着什么样的作用，两岸民心的凝聚要到何种程度？这些问题既是感性的认知问题，也是值得深思的战略问题。2014 年 9 月 26 日，习近平总书记在会见台湾和平统一团体联合参访团时，指出："我们所追求的国家统一不仅是形式上的统一，更重要的是两岸同胞的心灵契合。"两岸民众的心灵契合，被提高到与形式统一同等重要的位置，不仅是实现国家统一的过程性目标和价值，而且具有了结果意义的价值意涵。心灵契合地位的凸显，丰富了"一国两制"的内涵，是对"一国两制"在台湾地区具体实现形式的创新与发展，也是"一国两制"在历经 30 多年风雨后的一次理论飞跃。"心灵契合"用朴实的语言，阐述了两岸统一的民心标准，将两岸民众的相知、相依、互信、互赖的关系清晰、准确地表达了出来，感染力强，传播价值大，已经成为两岸交往的主流用语，在两岸深度传播。

对于如何通过两岸交往实现心灵契合，习近平总书记指出："亲情不仅能够疗伤止痛、化解心结，而且能实现心灵契合。我们尊重台湾同胞自己选择的社会制度和生活方式，也愿意首先同台湾同胞分享大陆发展的机遇。历史不能选择，但现在可以把握，未来可以开创。"这句话，突出了两岸亲情在抚平两岸历史伤痛中的作用，也体现出对于台湾同胞的理解与信赖，更展现了直面现实和未来的勇气与决心。对于两岸交往面临的困境，习近平总书

记指出："两岸关系和平发展任重道远，需要加深两岸同胞相互信任。同胞有了互信，很多难题就容易找到解决办法。"这句话没有使用华丽的辞藻，却讲透了互信在克服两岸困难中的重大价值与作用。对于两岸青年交往，习近平总书记指出："两岸青少年身上寄托着两岸关系的未来。要多想些办法，多创造些条件，让他们多来往、多交流，感悟到两岸关系和平发展的潮流，感悟到中华民族伟大复兴的趋势"，这句话用四个"多"表达了增加两岸青年交往的殷切希望和具体要求，又用两个"感悟"，如同长辈一般，向两岸青年道出了交往时应当注意的要点和目标，极具启发性。这些话语，目的明确、语言朴实、情真意切，表现出习近平总书记对于两岸强化交往、实现心灵契合的希望，在平凡的话语中直指人心。

在两岸交往中，台湾民众的复杂心态是达致心灵契合必须考量的重要因素。习近平总书记在多个讲话中，表达了对于台湾民众复杂心态的认知与理解。在 2014 年 2 月 18 日会见连战时，习近平总书记指出：不论是几百年前跨越"黑水沟"到台湾"讨生活"，还是几十年前迁徙到台湾，广大台湾同胞都是我们的骨肉至亲。这段话一方面回顾了台湾民众从大陆迁徙至台湾的历史，表明两岸的血脉联系，另一方面也展示了大陆对于台湾民众艰辛岁月的认知，体现出对于台湾民众的真切关心与关怀。同时，习近平总书记还指出："台湾同胞因自己的历史遭遇和社会环境，有着自己特定的心态，包括特殊的历史悲情心结，有着强烈的当家做主的'出头天'的意识，珍视台湾现行的社会制度和生活方式，希望过上安宁幸福的生活。将心比心，推己及人，我们完全理解台湾同胞的心情。"台湾民众的"出头天"意识，在相当长的时期是一个敏感话题，涉及岛内本土主义思潮和台湾意识等复杂问题。习近平总书记的讲话，直面问题，直抒胸臆，表达了对于台湾民众特殊情绪的理解与宽容。

习近平总书记对台系列讲话中，类似于上述朴实无华却情感充沛的语句俯拾可见，情真意切者有之，言辞恳切者有之，嘘寒问暖者有之，传递出对于两岸民众交往的关心与关注，传递出对于台湾民众的关怀与关切，是大陆对台湾地区以及台湾民众情感的真实写照。

四、引经据典：在中华文化语境中凸显同胞情

中华文化是两岸同胞共同的精神财富。台湾民众对于中华文化的传承与

情感是"与生俱来、浑然天成的，是不可磨灭的"。习近平总书记非常重视中华文化对于推进两岸关系和平发展的重要意义。多个讲话中，都提到了文化的重要性。特别是 2016 年 11 月 1 日会见洪秀柱时，将"共同弘扬中华文化"作为发展两岸关系的重要组成部分，提出"中华传统优秀文化植根在两岸同胞内心深处，是两岸同胞的'根'与'魂'。"习近平总书记的对台系列讲话，不仅强调中华文化的重要性，而且身体力行，引经据典，在中华文化语境中凸显两岸的同胞情。

"兄弟同心，其利断金"，源自《周易·系辞上》，原文为"二人同心，其利断金"，意思是兄弟二人团结起来，凝聚的力量就像锋利的刀一样能够切断金属。习近平总书记多次使用了这句表述，形象地描绘了两岸关系和平发展对于两岸的重大意义。用"兄弟同心，其利断金"来表述两岸关系再贴切不过了：（1）"兄弟"描绘了两岸人民天然而成、不可磨灭的亲缘关系，与"两岸一家亲"等标识性概念相呼应，是对于两岸历史渊源的总结；（2）"同心"又包含了对于两岸在现实层面结束政治对立，协力实现中华民族伟大复兴的中国梦的期盼；（3）"其利断金"表现出两岸携手对于中华民族长远未来的重大意义。"兄弟同心，其利断金"，贯通两岸历史、现实和未来，表达了对于两岸民众携手团结的希望。

"守望相助"，出自《孟子·滕文公上》，曰"乡田同井，出入相友，守望相助，疾病相扶持"。习近平总书记在 2014 年 2 月 18 日会见连战时指出："不管两岸关系历经什么沧桑，两岸同胞始终心心相印、守望相助。"守望相助，十分形象地描绘了两岸隔海相望的情境，也表现了两岸始终同属"一个中国"的场境，又揭示了两岸无惧风雨、相互扶持的意境。情境、场境和意境同归于"守望相助"的中国传统文化话语中，温馨之间更见真情。

"虑善以动，动惟厥时"，出自《尚书·说命》，意指考虑妥善而后行动，行动应当适合它的时机。习近平总书记在 2015 年 5 月 4 日会见朱立伦时，引用了"虑善以动，动惟厥时"。习近平总书记指出："两岸长期存在的政治分歧和难题，国共两党都要勇于面对，汇聚两岸同胞智慧，积极探索解决之道。双方可以在一个中国原则下进行平等协商，做出合情合理安排。关键是要'虑善以动，动惟厥时'。"习近平总书记的这句话，目标指向明确，就是国共携手解决两岸间敏感而复杂的问题，特别是政治分歧和难题。对于解决这些问题，中国大陆一直主张在一个中国框架内，通过平等协商，做出合情合理的安排。在此基础上，习近平总书记使用"虑善以动，动惟厥时", 对于解决两岸政治问题提出了新的要求和应对方法: (1) 解决两岸政治问题, 应当把握历史大势, 考虑周全, 不可草率为之, 更不可枉顾历史趋势形成不具有现实可能性的方案; (2) 推进两岸政治问题的解决, 在具体操作上应当把握时机, 不可错过最佳的历史机遇。这句话暗含着对于国民党积极采取行动, 为解决两岸政治问题积极行动的希望, 也表达着中国大陆对于国共交往的战略底线所在, 如"草蛇灰线、伏脉千里"的意蕴, 发人深省, 意义深远。

习近平总书记对台系列讲话的用典, 能够把握经典语句的原意, 又在此基础上适当引申与改造, 使之更加符合两岸关系的实际需要, 既坚持经典语句的本意, 又能借助具体的环境情势暗含引申义在其中, 使得经典语句的效果获得升华。

总体而言, 习近平总书记对台系列讲话不仅立意深刻、内容丰富, 而且对于语言艺术的拿捏也十分到位。语言的内容与形式获得了高度的统一与完美的融合, 十八大以来对台工作的新战略、新思想和新理念, 在语言艺术的使用和发挥中, 更具感染力和说服力, 也更能为两岸民众特别是台湾民众所认知和接受。习近平对台系列讲话的语言艺术, 已经和其中深邃的战略思想一样, 成为理解习近平对台战略思想必不可少的环节, 值得进一步思考与研究。

两岸交往的动与静

"习朱会"开启两岸关系"心常态"

历史总是惊人相似。10 年前的 2004 年，两岸关系经历重大挫折，国民党在领导人选举中落败；10 年后的 2014 年，两岸关系和平发展遭遇波折，国民党在地方层级的选举中惨败；2005 年，时任国民党主席连战访问大陆，实现国共两党领导人历史性的会见，达成和平发展愿景，最大限度凝聚两岸共识，为两岸关系走出历史性低谷奠定了基础；2015 年，国民党主席朱立伦访问大陆，"习朱会"玉成，为两岸关系和平发展再次开启了新常态。

历史的相似暗示着发展前景与方向。不同世代的政治人物，用着同样的方式，践行着推动两岸关系和平发展的历史使命。2014 年两岸关系和平发展遭遇波折，既是由一系列偶然事件所导致，又是两岸关系和平发展亟须转型和升级的内生动力所致。2008 年后，两岸关系和平发展高歌猛进，这种高歌猛进既是两岸领导人、相关部门和民众所共同推动的结果，事实上也是两岸长期封闭隔绝的能量得以释放的结果。但是，我们注意到支撑两岸关系可持续性和平发展的内生动力机制还没有获得足够的重视和挖掘，因而两岸关系和平发展虽顺利但脆弱，一旦从事务性合作步入政治性合作的深水区，便遭遇转型困境。因此，两岸关系和平发展新阶段不仅需要关注量的累积，更需关注质的提升。

如果说"胡连会"开启了两岸从隔绝封闭到交流融通的新常态，那么，"习朱会"的历史意义堪比 2005 年"胡连会"的破冰之举，开启了两岸从事务性交流向全面交流的"新常态"。

这种新常态是"制度"造就的常态。习近平总书记首次明确提出，"双方可以积极探讨构建维护两岸关系和平发展的制度框架"。两岸关系虽在过去十年取得辉煌成就，但从 2014 年的一系列事件来看，两岸关系依然敏感而脆弱，两岸仍然需要继续累积互信，共同巩固来之不易的现状与成果。法治是两岸都认同的治理理念，制度是两岸最为重要的社会治理方式，对于制度的遵守已经成为两岸从政治人物到民众的共识。从历史教训和现实经验来看，将两岸关系和平发展的成果制度化，使得这种制度不因台湾地区领导人的改变而改变，不因台湾地区领导人的注意力和看法的改变而改变，对于维护和巩固两岸关系和平发展的成果，都尤为必要。事实上，制度化的两岸关系和平发展框架已经有了较好的基础，由两岸处理对方事务的相关规定、两岸协议构成的两岸法制已现雏形，两岸完全能够在此基础上，形成更加宏大的两岸法制体系，为两岸关系和平发展的制度框架奠定法制根基。

这种新常态是"人心"契合的常态。两岸之交，从历史渊源、民族情感、利益纠葛，最终落实在人心契合上。习近平总书记指出，两岸交流归根到底是人与人的交流，最重要的是心灵沟通。两岸虽存在社会制度、生活方式的差异，但两岸同种同源、同书同文，中华民族是两岸民众的精神家园，两岸民众亦构成了荣辱与共的命运共同体，这些都为两岸民众的心灵契合奠定了深厚的历史文化根基，两岸人心的凝聚并非是无根之水。人心契合之关键在于交心，交心之关键在于互信。两岸人心的契合，首先需要的是两岸信任重建，而这种重建与2008年所提及的"建构信任"关键区别，是要建立一种更加深层次的、足以支撑更加深入的事务性商谈乃至于政治性商谈的互信关系，建立包括两岸各阶层的互信关系，让已经具有互信的人群更加坚定信心，让观望的人群产生信心，让质疑和否定的人群看到信心。交流、互信、融通，两岸民众在两岸大交往、大融合的过程中，不断增强心与心的对话与交流，建立两岸交往的"心常态"，从而实现两岸关系和平发展的新常态助力。

这种新常态是"利益"共享的常态。获得民众对于两岸关系和平发展可持续性的支持，实现利益共享的新常态必不可少。习近平总书记强调，深化两岸利益融合，共创两岸互利双赢。两岸既是命运共同体，又是利益共同体。从宏观着眼，和平、发展是最大的红利，和平发展消除了台湾发展的偶然性，也为大陆发展创造了新的契机。从中观着眼，大陆和台湾经济结构和产业特色具有互补性，相互融合、互相促进的机会多、空间大，大陆所提出的一路一带建设规划、亚投行等重大经济决策，为台湾提供了走出经济困境的良机。从微观着眼，每个身处两岸大交往、大融合中的人，也应当有机会分享两岸关系和平发展的现实利益。利益之交虽非根本，但亦为人心契合所必须，两岸关系和平发展的民意基础也已经从政治层次、情感层次转向利益层次。

"无可奈何花落去"，两岸关系步入深水区已是不争的事实，两岸关系和平发展也不可能永远一帆风顺。"似曾相识燕归来"，"习朱会"为两岸关系再启新常态，为两岸探索适应"深水区"凝聚共识，描绘蓝图。"大江东流挡不住"，两岸关系和平发展是历史的必然，不会因某一事件、某一人物和某一职位的变化而变化。在两岸有识之士的携手努力之下，两岸一定能寻找到体现人心契合，符合共同利益的制度框架，以推动两岸关系和平发展的永续化。

发表时间：2015 年 5 月 11 日

原文链接：http：//www.chbcnet.com/zjps/content/2015 - 05/11/content _ 1117215.htm

共祭抗战有助两岸建构历史互信

两岸关系，不仅有现实利益带来的冲突和纠葛，又有历史遗留的问题和情结。建构两岸互信，除了通过交流协商建立两岸更加紧密的联系外，还需要两岸放下历史包袱，沿着和平发展的大道轻松前行。为此，两岸除了在政治上进一步协商，经济上进一步互惠，文化上进一步互通外，也需要解开历史心结，让过去的事情"一风吹"，建构属于两岸中国人共同的历史互信。

构成两岸历史的，固然有两岸及国共两党因政治对立造成的摩擦、冲突乃至于兵戎相见，也有两岸之间、国共之间携手团结、共御其侮的共同记忆。其中，最珍贵也是最值得当下两岸中国人共同纪念的，就是对于抗战胜利的纪念。北京在抗战胜利70周年之际，为国民党抗战将领佟麟阁和赵登禹树立雕像；将于9月3日进行的纪念阅兵，也拟邀请属于国民党军队的抗战老战士参加，其中包括已经身在台湾的国民党老兵。大陆方面肯定国民党在抗战中的历史性贡献和地位，视台湾民众反抗日本殖民统治的斗争为构成中华民族争取民族独立和自由的重要组成部分，是一种对历史的负责与自信，也是对两岸共同纪念抗战、共同捍卫抗战成果的期盼。台湾方面，国民党、新党等政党以及社会各界都开展了纪念抗战胜利的活动，台湾地区领导人马英九也发表演讲，肯定抗战胜利对于世界史的重大意义。

遗憾的是，对于抗战的纪念，在台湾出现了一些不和谐的声音。所谓"纪念无用论""台湾受害论"等奇谈怪论渐次出现。台北市市长柯文哲以"抗日有什么好庆祝"为由，竟取消拟于日本在台投降地"中山堂"举行的活动，而主张"台独"的政治势力甚至认为，台北曾经遭遇过盟军的轰炸，因而台湾是抗战的受害者。这些忽视、歪曲历史竟至如此境地的言论，居然是堂而皇之地出现在台湾媒体上，还获得了相当数量政客和政治团体的认可。"纪念无用论""台湾受害论"等论调，淡忘、抹杀的首先是西来庵事件、雾社事件等事件中为国捐躯的台湾义士的功绩，是3500万中国军民用生命换来的台湾光复，也是台湾民众作为中华民族一分子的自豪与自尊。

所谓"纪念无用论""台湾受害论"的意图昭然若揭：从历史上将中国

大陆与台湾作切割，抗战的胜利只是大陆的胜利，要么与台湾无关，要么台湾只是"受害者"（其中的潜台词甚至包含着"台湾是中国全面抗战的受害者"之意）。放着胜利者的尊严不要，宁愿贴上"受害者"的标签，乃至与战败国进行刻意的捆绑，这些政治势力的自甘堕落和奴颜卑态可见一斑。在历史上作切割，用所谓"以台湾为中心"的史观重新解释乃至解构台湾历史，是"台独"惯常使用的一种方法论。而这种托名"历史"的"台独"论调，如果不是臆造了台湾人民的历史，也是曲解了台湾人民的历史。台湾民众的抗战是中华民族全民族抗战的重要组成部分，台湾光复是台湾民众抗战胜利的果实。抗战胜利是台湾民众的节日，不是所谓"与台湾无关"，而台北遭遇空袭，恰是日本对台湾进行殖民统治的恶果之一。

从两岸范围来看，所谓"抗战无用论""台湾受害论"，也是两岸缺乏历史互信的表现。囿于两岸不同的意识形态和两岸主要政党之间的政治对立，两岸对于抗战历史乃至于鸦片战争后的历史存在不同解释，其中不乏相互贬斥的部分。历史互信的缺乏，最大恶果是造就了台湾的"历史虚无主义"，"以台湾为中心"的史观刻意割裂大陆和台湾，根据"台独"所需随意揉捏台湾史上的重大事件。"台湾国族"也在对中国历史的不断淡忘、抹杀中形成，并成为台湾地区不可忽视的社会思潮，也构成"历史主义台独"的核心观念。建构两岸的历史互信，让两岸相互承认对方在中华民族历史上的贡献，相互认可和尊重对方的历史地位，澄清因政治原因扭曲的历史真相，构筑两岸关系和平发展的历史根基与情感基础。

随着历史真相的不断挖掘和两岸对于过去历史包容度的不断提升，两岸已经能够越来越客观、越来越包容地看待和解释那一段历史，建构包括大陆和台湾在内的"大中华历史观"，从人性的角度去理解抗战的历史，从全民族的高度去解读抗战胜利的重大意义，在两岸已经获得了高度共识。抗战的胜利，有共产党在平型关的大捷、敌后根据地的卓绝抗争，也有国民党在淞沪会战、武汉会战的正面作战。抗战胜利是中华民族全体儿女浴血奋战取得的胜利，值得中华民族全体儿女共同来纪念和铭记，也是属于一个中华民族的两岸中国人的荣光。这段历史本身，就是两岸消除历史隔阂、建构历史互信的最大资源。

"度尽劫波兄弟在，相逢一笑泯恩仇"。两岸共祭抗战，其一祭奠为抗战胜利和中华民族独立自由献出生命的英灵烈士，而不论国共、无分两岸；其二慰藉尚在人世的抗战老兵，亦不论国共、无分两岸；其三是通过对于抗战的共同纪念，进一步溶解两岸根深蒂固的历史误解，澄清若干重大历史真相，促进放下历史的负担，建构起两岸的历史互信，在此方面，更不分国共、无分两岸，两岸中国人均应肩负起历史性的责任与担当。

发表时间：2015 年 7 月 9 日

原文链接：http：//w ww. chbcnet. com/zjps/content/2015 – 07/09/content _ 1145817. htm

民进党切勿误读所谓的"柯文哲模式"

本月中旬，上海 – 台北双城论坛即将在上海举行，台北市市长柯文哲将率团参加论坛。作为一位有着泛绿背景的台湾政治人物，能够来大陆参加如此重要的活动，柯文哲对于九二共识的"表态"起到了关键性作用。与国民党明确承认"九二共识"，以及民进党至今未承认"九二共识"有所不同，柯文哲的表态有些另类，即对"九二共识"既不承认、也不否认，而是"了解并尊重"。这一另类的表态，获得了大陆方面的理解与宽容，柯文哲当然顺利成行。

柯文哲对于"九二共识"的另类表态，以及大陆对于"了解并尊重"一词的宽容态度，再次刺激了岛内的一些人士。已经有人将柯文哲借助"了解并尊重"的模糊表态成行大陆称之为"柯文哲模式"，并由此为民进党和蔡英文支招，提出民进党和蔡英文亦可依循"柯文哲模式"与大陆维持现有关系。这一支招实在是误读了大陆的理解与宽容，所谓"柯文哲模式"并非是常态化的两岸交往模式，其意义不必做过度解读，民进党和蔡英文也切勿指望继续套用"了解并尊重"一句将"九二共识"轻轻带过。

类似于"了解并尊重"的太极手法并非柯文哲首创。早在1972年，美国方面就在《中美联合公报》的措辞上使用了这一手法。在对于"一个中国"的问题上，美国使用了"acknowledge"（认识）一词，而非如1979年《中美建交公报》中使用"recognize"（承认）一词，原因是当时中美尚未建交，美国与台湾依然保留"邦交"关系，美国对于"一个中国"的态度亦未定型。美国方面使用"acknowledge"一词，试图表明美方对于"台湾海峡两岸的中国人都认为只有一个中国"这一命题仅仅是一种"认知"的中性态度，而非"认同"和"认可"的积极态度，但又不同于"反对"的消极态度。今天，柯文哲所使用的"了解并尊重"，其实也就是对"ackonwledge"一词的复现与扩展，其所表明的亦非对"九二共识"的认同和认可，虽非反对，但也是且仅仅是一种认知。说通俗一点，柯文哲所谓"了解并尊重"就是网络聊天中常用的"知道了，呵呵"。

那么，对于柯文哲对"九二共识"略显轻慢的态度，大陆方面又为何会以"乐见其成"（国台办主任张志军的回应之语）的态度回应呢？本文浅见，大概有如下几个原因：一是柯文哲此前曾经多次对"九二共识"做出否定性表态，此次虽未承认，但至少能表明"了解并尊重"的态度，这种进步显然是值得且应当被鼓励的；二是此次柯文哲来大陆之目的是参加城市间的交往，城际交往不同于两岸层次的交往，政治敏感性相对较低，而是更加关注经济、社会和民生议题，政治上的低敏感性也是柯文哲另类表态过关的重要原因；三是大陆方面在处理政治议题上的手法更加务实和成熟，不在抽象概念和字里行间争输赢，而执着于两岸关系和平发展和两岸民生福祉的实际效果；四是大陆方面也希望借此机会，表达在"反课纲"运动的逆势中，继续推进两岸交往的决心与信心。

但是，大陆的宽容和务实不等于软弱和退让，如果岛内真的有人把个案性质的"柯文哲模式"当成了"模式"，认为模糊处理"九二共识"也能蒙混过关，甚至认为民进党借此就能混过"最后一公里"，那就是打错了算盘！

"九二共识"既是两岸关系和平发展的事实基础，也是认识论基础，亦即：只有两岸对于"九二共识"的共同认可与认同，两岸关系才能和平发展。因此，"九二共识"是两岸关系的底线与红线，民进党必须正视这条底线和红线的存在，也应当认真对待这条底线和红线，而不是如何绕过去。两岸关系和平发展已经进入"深水区"，所触碰之问题大多绕不开政治议题。政治议题的解决，不仅需要两岸在观念上认可"九二共识"，而且需要用"九二共识"去解决两岸政治互信的诸多技术性问题。同时，对于民进党而言，"九二共识"也是一块测试其两岸间政治诚信度的试金石。民进党只有承认"九二共识"，才能通过对其两岸间政治诚信的测试，民进党也才能实现自我救赎。这些都涉及两岸最为根本、最为重要的问题，绝非是用"了解并尊重"这样的模糊语言能够处理得了的。

事实上，蔡英文比柯文哲更能称得上是"太极高手"，她的"维持现状"论比他的"了解并尊重"更模糊。然而，在两岸关系论域内的模糊绝不是小聪明，而应该是大智慧。"模糊"应当是一种政治协商、沟通、妥协及至最后达成共识的艺术，而不是敷衍塞责、顾左右而言他的戏码。大陆今天让柯文哲的"了解并尊重"言辞过关，恰恰是希望为两岸交往和两岸政治性协商开启一扇窗。如果民进党和蔡英文将大陆的宽容当成了纵容，甚至认为大陆有可能在"九二共识"的问题上有所松动，那就真是大错特错了！因此，民进党和蔡英文最好不要真的将"柯文哲模式"当作自己的模式，而是从台湾生存与发展的长远视角，也从中华民族整体利益的高度，认真地想一想"九二共识"的问题，走过这"最后一公里"。

发表时间：2015 年 8 月 13 日

原文链接：http：//www.chbcnet.com/zjps/content/2015 – 08/13/content _ 1160462.htm

两会福州会谈为 2016 年后
两岸交往提供示范

2015 年 8 月 25 日，两岸两会领导人第十一次会谈落幕，签署《海峡两岸避免双重课税及加强税务合作协议》（以下简称《两岸租税协议》）和《海峡两岸民航飞行安全与适航合作协议》（以下简称《两岸飞安协议》）。此次两岸两会福州商谈，结束了两会在台湾地区"反服贸学运"后长达 16 个月的"静默期"，承继两会自 2008 年复谈以来的事务性商谈格局，开启两会在两岸关系"深水区"推动两岸关系和平发展永续化的篇章，为 2016 年可能到来的台海新变局树立了两岸制度化交往的典范。

逆境开展两会商谈，彰示两会框架长久生命力

两岸两会此次商谈，既在情理之中，又在意料之外，从开展商谈到达成两项重要协议，引发两岸关注。依两岸两会所形成的制度性商谈框架，两会一般每半年举行一次最高领导人级别的商谈并签署相关的协议，自 2008 年 6 月两会复谈以来，这几成惯例。因此，本次福州商谈，按两岸两会的制度性商谈框架，依理属于应当开展之列。

然而，由于 2014 年初以来台湾地区内部政治局势的变化，此次两岸两会福州商谈所召开的时间点十分敏感：其一，两会第九次商谈签署的服贸协议至今仍被搁置，效力未定，两会制度化商谈成果遭遇空前质疑；其二，"反服贸学运"余波未平，蓝绿两大阵营对"两岸协议"议题的态度均耐人寻味，岛内舆论环境对于两岸协议亦有不利，两岸协议在台通过及实施举步维艰；其三，2016 年台湾地区领导人选举日渐白热化，对两岸协议持否定态度的民进党暂居上风，台湾地区政党轮替端倪初现，两岸关系和平发展在 2016 年遭遇新变局的可能性增大。这些因素，都使得人们对 2014 年 3 月"反服贸学运"后两会是否还有商谈，是否还能签署新的协议，存有观望、质疑的态度。有人甚至认为，两会在 2016 年之前甚至更长一段时间不会再

有两岸协议，两会商谈将如 1995 年"李登辉访美"事件后一样，陷入一个较长的停滞期。

在这样的逆境中，两岸两会能够致力开展第十一次商谈，并签署两项协议，其中艰辛非外人所能感悟。在两岸关系发展的关键期，两会福州商谈进一步证明了两岸透过两会所搭建的制度性商谈框架，既用建制化的方式落实两岸各层次交往的成果，又用法治化的形式确认两岸关系和平发展的各项成果，已经成为两岸关系和平发展重要的造法机制，也成为两岸关系和平发展制度框架的内核。逆境中的两会福州商谈，打破了人们对于两岸制度性商谈机制的质疑和误解，彰显了两岸在 2016 年后继续使用和依托两会框架开展两岸制度性商谈的信心与决心，也赋予了两会框架长久的生命力。

关注两岸民众福祉，深挖两岸重大民生议题

引人注目的是，本次两岸福州商谈签署的两项协议，都是关涉两岸民众福祉的重要协议，具有厚重的实质内涵，非一般性宣示合作意愿的协议可比。

《两岸租税协议》涉及两岸民众根本利益，是两岸民众分享两岸关系和平发展红利的体现。2008 年以来，两岸经贸往来呈现出高端化、双向化、常态化的特点，台资进一步扩大在大陆投资规模和档次，陆资亦开展赴台投资。由于两岸各自保留着税收征管体系，两岸资本遭遇着双重征税的负担。避免双重征税，降低两岸资本相互投资的成本，切实让利于民，是《两岸租税协议》的精神实质所在。据媒体测算，《两岸租税协议》将为台资在大陆释放税负约 39 亿元新台币，为陆资在台湾释放税负约 1 亿元新台币。这些税负的释放，既为企业和民众减了负，也能推动企业和民众的再投资和消费，更加重要的是，用减轻税负的方式，实实在在地将两岸关系和平发展的红利分享给两岸民众，让两岸民众真切地感受到两岸关系和平发展的实际利益。

《两岸飞安协议》回应两岸民众重大关切，是继续畅通两岸民众交往通道和保证交往安全的体现。航空空运，是两岸民众交往的主渠道。两岸已经实现了主要城市间的空运直航，但飞行安全成为两岸民众共同关心的重大问题。2014 年以来，国际航空业灾难不断，飞机失事失联的消息频出，台湾地区也曾发生"7·24 澎湖空难"，导致 48 名同胞罹难。加强飞行安全，保

证两岸民众交往的主渠道，让两岸民众放心乘机，安心交往，是两岸民众的共同期待。本次《两岸飞安协议》，意图通过构建两岸制度化的飞安保障机制，回应两岸民众对于两岸航空更加安全和更加便利化的需求。

此两项协议，在为两岸民众释放发展红利的同时，也暗示了两岸制度性商谈的走向，即继续深挖民生议题，不在政治问题上急于求成，而是通过进一步积累两岸民众互信，点滴促进两岸民众心灵契合，推动两岸互信从事务领域向政治领域自然过渡。

两项协议试水闯关，推进台湾地区建立
合理化的两岸协议审议监督机制

毋庸讳言，《两岸租税协议》和《两岸飞安协议》在本次两会福州商谈的签署，对于此两项协议而言，只是走完了第一步。两项协议能否顺利生效，还要看能否通过台湾地区有关机构的审议监督之门。在此意义上，两项协议承担着"试水闯关"功能，既试探岛内各政治势力对两岸协议的新态度，又推动台湾地区建立合理化的"两岸协议审议监督机制"，避免或减轻2016年台湾地区可能的政治变化对两岸协议的负面影响。

本次两项协议的议题关乎两岸民生，也对台湾民众释放了诸多利益，台湾地区政党如若杯葛，势必会承担较大的舆论负担。特别是在选举的关键期，反对此两项协议，很有可能被等同于反对向民众释放利益，任何一个政党和政治人物都无法背负相应的选情压力。从政治常理而言，两项协议在台湾地区按期通关的可能性大于服贸协议。因此，两项协议在台湾地区的看点，是台湾方面将以何种程序通过：是延续当前"两岸人民关系条例"规定的程序，还是由台湾立法机构先行实现"两岸协议审议监督"事项法制化后，再按新的程序通过。这十分值得关注。

再观察民进党，2016年台湾地区如若实现"政党轮替"，继续维持两岸交往格局，维持台海局势稳定，是最优化的选择。民进党目前选情有利，也必然已经开始思考2016年后与大陆开展交往的途径与方式。本次通过的两项协议，由于在实体问题上压力较小，因而也完全可能成为民进党试探处理两岸协议问题的"石子"，以之为民进党收获"投石问路"的效果。

如果台湾当局和岛内相关政党能够以此为契机，推进建立有利于两岸关系和平发展，有利于体现两岸民众意愿的两岸协议审议监督程序，那么，在

2016 年台湾地区有可能发生政党轮替的背景下，两会福州商谈所签署的两项协议以及本次商谈的历史意义，如何评价都不为过。

2014 年以来，两岸关系屡遭挫折，和平发展的步伐一度放缓。外界观望者、质疑者乃至否定者皆有之。然而，本次两会福州商谈，不仅延续了 2008 年两会复谈以来的如虹气势，形成丰硕商谈成果，巩固两岸共识，而且着力于两岸制度化商谈机制，坚持民生为本的议题选择导向，回应形形色色的质疑与否定声音，为 2016 年后的两岸交往提供示范，让两岸关系和平发展的步伐企稳再出发。

发表时间：2015 年 8 月 27 日

原文链接：http：//www. chbcnet. com/zjps/content/2015 - 08/27/content _ 1165560. htm

接续光荣、再造两岸"心和平"——
"习马会"系列评论之一

  持续数日,"习马会"在两岸及全球舆论场刷屏,热度不减。"习马会"不仅是舆论场的一个新闻事件,也是历史大河剧中的一个重要篇章。从1987年两岸恢复交往以来的历史视角观察,"习马会"既是两岸一系列会谈的接续,也是两岸关系和平发展累积互信的自然产物;既站在两岸交往的高地,又为两岸可持续的和平发展做好了铺垫。

  在两岸交往史的长河中,一系列的"会谈"构成了串起两岸交往的珍珠,"汪辜会谈""胡连会"和"习马会"无疑是其中最为璀璨的三颗。三次会谈,每次都开启了一个新的时代,成为两岸交往的时代印记。"汪辜会谈"两岸隔绝近半个世纪后开启两岸制度化的接触与交往,形成"两会框架"和两岸协议,影响绵延至今。"胡连会"在60年后开启国共两党最高领导人的直接会谈和交往,所形成的"两岸关系和平发展"愿景,已经福泽两岸民众。"习马会"在1949年后实现两岸领导人直接会面,接续"汪辜会谈"和"胡连会"的光荣,在两岸关系和平发展的基础上,开启"两岸一家亲"的"心和平"时代。

  三次具有指标性意义的重要会谈,都发生在两岸关系的关键期。"汪辜会谈"发生在两岸刚刚恢复接触的关键期,"胡连会"发生在岛内"台独"势力活动最为猖獗的时期。两次会谈,都有力地凝聚了两岸共识,推动两岸关系的大踏步向前。今天两岸已经具备制度化和常态化交往格局的两岸关系和平发展框架,得益于两次重要的会谈。然而,两岸关系的前行从来就不是一帆风顺。两岸关系和平发展一直杂音不断,"台独"势力从未停止分裂活动,岛内部分社会团体对于两岸关系已经形成实质性损害,至今未放弃"台独"立场的政党甚至有可能重新在台执政……这些因素都干扰甚至阻碍着两岸关系的可持续和平发展。两岸在继续沉淀与消化既有共识和愿景的同时,急需新的发展动力。本次"习马会",就是在两岸关系的微妙背景下登场。同前两次重要会谈一样,"习马会"已经起到了表达愿景,凝聚共识和再造和平的重要作用。

和平对于两岸社会和民众的价值已经不必再言。和平，是两岸能够走到今天的基础。然而，两岸和平并不是无条件的和平，不是大陆对于台湾的无原则让步。承认"九二共识"，反对"台独"是两岸和平的底线条件。没有对于"九二共识"的明确承认，没有对于"台独"立场的明确反对，仅凭形形色色的模糊言论，并不足以维系和平的底线。同时，两岸和平也不是无基础的和平，不是大陆强压台湾的砝码。两岸和平的基础，既来自于两岸的政治默契和共识，也来自于两岸关系和平发展给两岸民众带来的利益满足和供给，归根到底来自于两岸民众的"心灵契合"。因此，"习马会"再造的两岸和平，既是对既有和平发展框架的接续性肯定，也是一种"心"的和平。

"两岸心和平"的基础是"两岸一家亲"的共同认知，是"打断骨头连着筋"的共同记忆。两岸的隔绝不是主权和国家的分裂，更不是民族的分裂，而是政治的对立。两岸交往的实践表明，由于隔绝日久，两岸民众存在诸多误解，需要增进了解和加深认知之处颇多。两岸地理上的隔绝可以通过"三通"来融通，两岸政治上的隔绝可以通过构建制度框架加以克服和解决，而两岸人心的隔绝，则需要两岸长时间的共识积累和情感积淀来消融。好在两岸毕竟同属"一家"，无论两岸隔海峡对峙局面如何严重，两岸都从未断绝缘于"一家"的亲情和友情。两岸的政治对立，虽然削弱过、破坏过"两岸一家"的情谊，但从未断绝过"两岸一家亲"的期许。正是因为两岸隔绝乃至兵戎相见的切肤之痛，让两岸更能珍视和平的可贵。因此，坚持以心相交，推动两岸社会与民众的"心心相印"，最终达致"心灵契合"，是实现两岸永久和平的唯一路径，也是两岸"经得起历史检验"的唯一选择！

从1993年到2005年，从2005再到2015，两岸每十年一次重量级的会谈，为两岸许下和平的承诺，也为两岸奠定下一阶段和平发展的底基。再过十年，回望本次"习马会"的功绩，既在于重申"九二共识"、重叙"两岸关系和平发展"等重大共识，也在于启动两岸领导人直接对话、建立两岸热线机制等两岸新机制，但最大的、历史性的功绩，却在于在两岸领导人会面的层次，表达并确认了"两岸一家亲"的理念，为再造"两岸心和平"奠定了认知基础。舆论场的热闹终会平息，而"习马会"所构建的"两岸心和平"将不为台海风云所动，也不为世界格局所惑，始终成为两岸民众情感相连、心灵相通、利益相关的常态化和平。

发表时间：2015 年 11 月 9 日

原文链接：http：//www.chbcnet.com/zjps/content/2015 - 11/09/content _ 1190402. htm

中国智慧　启迪两岸再出发——
"习马会"系列评论之二

　　"习马会"的成功举行，渗透着两岸中国人的智慧。中国智慧对于"习马会"的成型与成功，发挥着重大作用。两岸领导人在讲话中，也都有着运用"中国智慧"解决两岸问题的表述。习近平指出，"两岸中国人完全有能力、有智慧解决好自己的问题，并共同为世界和地区和平稳定发展繁荣做出更大贡献"。马英九提出，"双方都应该重视人民所珍惜的价值与生活方式，维护两岸和平，以中华文化蕴涵的智慧，确保两岸互利双赢"。"中国智慧"将继续启迪两岸，指引两岸关系在和平发展的基础上，打造"再出发"的升级版。

　　"习马会"成行成功，是"中国智慧"的结果。两岸至今仍未结束敌对状态，政治对立造就了两岸交往的诸多困难。尤其是在公权力的层次上，两岸因尚未承认对方具有根本性质的规定以及由此规定形成的公权力机构，存在较大的交往障碍。"汪辜会谈"所构建的两岸授权民间团体事务性商谈机制，"胡连会"构建的国共两党对话机制，在某种程度上都是为了绕开因上述"承认争议"而导致的交往障碍。两岸公权力交往的名义、名称、时间、地点等，在每次交往时都会成为两岸争执的焦点。这种争执，既降低了两岸交往的效率，为两岸交往带来沉重负担，也让两岸交往纠缠于空洞的概念之争，拖累两岸互信。本次"习马会"，创造性地以"两岸领导人"的名义，选择在与两岸都有着密切联系且同属中华文化圈的新加坡举行，是两岸"中国智慧"的生动体现。

　　著名的欧洲学者法布里斯·拉哈曾经这样描述"欧洲"："语言的演变就像一面镜子，透过它，我们可以洞察政治秩序的变化。""两岸"的形成，同"欧洲"的含义变迁一样，也为拉哈的观点提供了注解。"两岸"一词的出现，本身就表征着大陆与台湾从不接触向接触状态的转变。1987 年前，在大陆和台湾没有接触的情况下，台湾问题的论域内只有"两党"和"双方"而没有"两岸"。随着大陆和台湾交往的加深，"两岸"一词逐渐浮现，而且从一个地理概念，向着政治概念、法律概念转变。目前，"两岸"一词已经广泛地使用于大陆和台湾交往的各个领域，人们使用"两岸"的场合，往往是那些不便表达"一国"的场合，地理上的"两岸"俨然是政治上的"一国"的替代品。"习马会"以"两岸领导人"名义开展，首次将"两岸"提升至大陆和台湾政治关系定位模式的高度，"两岸"的提法不仅承载着人们对大陆和台湾关系过去的认知，而且体现着人们对两岸关系现状和未来的期许。一个中国框架和"两岸"模式结合，包容两岸各自对于政治关系的吁求，成为两岸都能接受的最大公约数。"两岸领导人"这一"中国智慧"的产物，化解了当下两岸交往的困境，又为未来交往的可持续性提供了支撑和依托。

在"习马会"上，两岸领导人都提出运用"中国智慧"思考和解决台湾问题，为两岸和谐共处于世界助力。"中国智慧"是一种宽容、中庸、和谐的智慧。"中国智慧"应该能够包容两岸，用精炼、准确的语言概括两岸的最大公约数，最大限度体现两岸共同认知，起到两岸求同存异并最终聚同化异的功效。"中国智慧"说到底是促进两岸关系和平发展的智慧，是呈现"两岸一家亲"的智慧，也是两岸中国人共存共荣于世界民族之林的智慧。

必须说明的是，"中国智慧"所具备的包容性不等于模糊性。说"九二共识"和"两岸领导人"的称谓是"中国智慧"，是因为这些提法包容了两岸共识，为两岸关系正常开展提供了可能性空间，而并非因为这些表述的模糊性。"中国智慧"不是脑洞大开的胡思乱想，也不是"故作惊人之语"的理论幻象，更不是闪烁其词的"模糊"论调。"中国智慧"之所以为"智慧"，在于它既照顾到了包容性，又注意到了两岸的可接受性，而后者恰恰是"中国智慧"的闪光之处！

毋庸讳言，两岸关系正在经历着严峻考验。需要两岸有识之士用更加宽容、更具包容、更显诚意的"中国智慧"，去凝聚两岸人心，稳定两岸关系航船的正确航向。"习马会"为此做出了表率。"习马会"既是"中国智慧"的杰作，为两岸过去和平发展的成果做了一个华美的总结，又体现着"中国智慧"的精髓，用"两岸一家亲"的理念唤起两岸民众内心深处的情感认知。在"中国智慧"的启迪下，两岸关系的航船已经扬帆再出发！

发表时间：2015 年 11 月 11 日

原文链接：http://www.chbcnet.com/zjps/content/2015 – 11/11/content＿1190963.htm

挡不住的"两岸融合"

近期，两则新闻引发两岸关注：其一，民进党籍民意代表提出议案，以维护台湾民众休假权利为由，缩减 2016 年元旦起大陆民众赴台旅游人数，台湾地区立法部门的"交通委员会"已经就此做成决议，要求陆客团配额每天仍维持原来的 5000 人；其二，《琅琊榜》从华视登陆台湾，引发岛内收视狂潮，正在大陆热播的大剧《芈月传》也已经激发岛内民众极大关注。两相对比，绿营虽能利用民粹和台湾的"政治正确"挡住陆客，却挡不住陆剧为台湾民众"喜闻乐见"。这一现象已经说明：政治操弄固然能挡得住两岸交往一时，却挡不住两岸融合的历史大势。

尽管两岸政治对立仍未破局，但和平发展已经成为两岸的共同企盼。两岸关系和平发展所缔造的和平，不是两岸老死不相往来的"冷和平"，而是两岸各层次双向的热络互动。当前，两岸融合在两岸的各个层次都已经呈现。从大处论之，习近平总书记在"习马会"的致辞中指出，两岸是打断骨头连着筋的同胞兄弟，是血浓于水的一家人；从小处论之，台湾地区领导人马英九在"习马会"致辞中也提出，在台湾的大学校园中，能够看到两岸学生一起讨论、一起运动、一起演奏、一起欢笑的画面。两岸领导人都从各自的角度，对两岸融合做出了期许与描述，表现出两岸融合背后强大的政治动力。应当说，两岸融合是两岸深度互动的必然结果，也是加深两岸相互联结，建构政治互信的重要途径。两岸融合的不断加深，必将推动两岸民众的心灵契合，从而巩固两岸关系和平发展的民意基础。

两岸融合是两岸人心的自然选择。两岸融合，首先来自于同文同种、同书同音的文化认同和血脉渊源。两岸同属中华民族，在文化上和血缘上结成"打断骨头连着筋"的命运共同体。政治上可能对立，经济上可能隔绝，文化和血缘的关联是无法割舍的。这也是 20 世纪 80 年代和 90 年代来自于台湾的影视作品能够风靡大陆，而如今大陆的热播剧能够流行台湾的根本原因！两岸融合，其次是来自于日益热络的民众交往。2008 年以来，两岸民众交往持续升温，两岸民众从两岸交往中所获取的实际利益渐次增加。人，而不是抽象的地理概念、政治概念"两岸"，成为两岸交往最为重要的主体和最大的受益者。两岸民众交往的不断加深，推进了两岸民众的相互了解，也增进了共同利益。两岸交往的热络，激发了两岸民众的文化认同和潜藏于血缘中的民族认同，推进两岸融合成为两岸不可逆转的历史大势。两岸融合的历史大势，既体现在两岸领导人和两岸公权力机构的政策宣言中，更体现在两岸民众日常的生活细节中。这种"润物细无声"的融合，是两岸民众自然选择的一种生活态度和生活方式。

然而，台湾地区总有一股政治势力和部分人，给两岸融合这一两岸民众的自然选择贴上各种政治的标签，用政治操弄的手法挑动民粹，试图阻挡两岸融合。从两岸交往的重大事件，如两岸"三通"直航、陆资入岛、ECFA与服贸协议，再到两岸民众利益相关的事件，如陆生健保、赴台旅游配额、大陆居民在台湾地区权益保障等，处处以民粹为由扭曲之、夸大之、阻碍之，造成两岸民众交往成本在政治操弄下被人为提高。此举意图，在于利用台湾民众由于长期隔绝和意识形态原因，对大陆的不了解与误解，制造话题和挑动舆论，将岛内政治局势桎梏在街头政治的阴影中，攫取政治利益特别是选举利益的最大化。诚然，由于隔绝多年，两岸民众彼此间不了解乃至于误解的现象是客观存在的，短时期内可能亦无法消除。然而，政治人物和政治势力，应当认清两岸融合已经成为挡不住的民心所向，利用民粹阻挡两岸融合者，或许能够得利一时，但终将不得人心！

选举政治有选举政治的规律，执政党"你方唱罢我登场"。谋求执政者使尽手段，谋求选举利益，本身属于选举政治之一部分。然而，凡事皆有底线，参与选举政治的人们亦应认清民心所向。尽管两岸关系正在面临严峻考验，"深水区"效应已经显现，但两岸融合的大趋势没有变，两岸民众对于两岸融合的需求和信心没有变。岛内某些政治势力也应当正确认识到，两岸融合是不可阻挡的历史趋势，任何意识形态话语上的太极手法和政策措施上的小动作，最终都会被挡不住的两岸融合所摒弃。任何政治势力都应当找准自己的历史定位，顺应两岸融合的历史趋势，在这一历史趋势中把握发展机遇、共享发展红利，成为两岸融合的共同推动者和受益者，而非是这一历史趋势的搅局者和捣乱者！

发表时间：2015 年 12 月 23 日

原文链接：http://www.chbcnet.com/zjps/content/2015 - 12/23/content _ 1206455. htm

2016 两岸关系和平发展
总体格局不会变

　　尽管两岸关系真正的年度大戏——台湾地区领导人和民意代表"二合一"选举的大幕还未拉开，但 2015 年的年底已经到来了。因为 2016 年年初台湾地区选举的缘故，对于 2015 年两岸关系的观察，与其说是一种总结，不如说是一种展望。由于极有可能发生的第三度"政党轮替"，"悲观"和"变局"成为总结 2015 和展望 2016 年的主题词。事实上，回望 2015 年，两岸关系呈现出"外紧内松"的格局，其中既有两岸领导人会面的惊艳，也有台湾地区选举乱象的纷闹；既有两岸携手推进"两岸一家亲"的温馨场面，也有岛内部分政治势力抗拒两岸融合的荒唐闹剧。两岸关系虽难称"乐观"，但亦非"悲观"，呈现出"微澜不惊"的特点，两岸关系和平发展的大局并未因岛内政治乱象而发生根本性变化。

　　2015 年是 2008 年以来两岸关系和平发展的"总结年"。2015 年 11 月，习近平和马英九实现两岸领导人 66 年来的首次见面，开启两岸关系新航程。"习马会"既源自两岸领导人对于两岸人民和中华民族高度负责的高瞻远瞩和卓越智慧，也来自于两岸关系和平发展自 2008 年以来的新变化和新成果。"两岸领导人"名义的形成、两岸涉对方事务机构直接对话机制的形成、两岸制度性商谈机制和两岸协议的累进、两岸大交往机制的构建、两岸政治互信的累积等两岸关系和平发展的成果，都为本次"习马会"成行助力！可以说，2015 年登场的"习马会"并不是一次偶然的政治安排，而是两岸关系和平发展七年成果的总结与升华。没有 2008 年以来两岸关系和平发展的成果，没有两岸七年来直接、双向的热络互动，今日的两岸关系可能是另一番局面。

　　2015 年是 2008 年以来台湾地区面对两岸关系发展大势的"考验年"。在两岸民众热络互动的同时，台湾政坛却是暗流涌动。2015 年，民进党等政治势力，至今没有放弃"台独"立场，没有承认作为两岸关系和平发展基石的"九二共识"，没有进入符合中华民族根本利益的轨道，全然没有走过放弃"台独"这民进党重新执政的"最后一公里",反而是挟 2014 年"反服贸学运"和"九合一"胜选的"余威",在反对"一个中国"、消极对待两岸关系和平发展的道路上越走越远。一方面,民进党籍候选人蔡英文多次发表不利于两岸政治互信的言论,秉持模糊的"维持现状论",在两岸关系上不断闪烁其词;另一方面,"反课纲"学运、阻碍陆生参与"全民健保"等岛内所谓"社会运动"次第登场,岛内部分政治势力利用各种机会,挑动民粹,制造政治摩擦,以攫取更大的选举利益。而在蓝绿之外,形形色色的社会力量以"第三势力"名义粉墨登场,为本已十分杂乱的岛内政局再添纷乱。岛内政局的纷乱,冲击和影响着两岸关系和平发展的大势,特别是 2016 年台湾地区果如外界所料,发生三度"政党轮替",则两岸关系的何去何从,的确是面临着重大考验。

2015 年是 2008 年以来大陆推进两岸关系和平发展的"调整年"。面对台湾政局的持续演化,大陆方面在 2015 年后亦逐渐调整推进两岸关系和平发展的策略和重心:更加重视台湾中南部、中低阶层、中小企业及青年族群的"三中一青"政策出台,更加夯实两岸关系和平发展的民意基础,将"寄希望于台湾人民"落到实处;积极运用"互联网+"的概念,推动两岸通过网络空间和电子商务推进深度融合,缔造"互联网+两岸"的两岸关系和平发展网络模式;推动两岸对于抗战历史的共同祭奠与传承,主张两岸共享史料、共写史书,构建两岸"历史互信"……2015 年的两岸关系,跳脱出政治力的影响,在民生、社会、经济、科技等层面不断取得新进展和新突破,为两岸关系走过"深水区"提供了新路径和新机遇。

"青山遮不住,毕竟东流去"。两岸关系和平发展"深水区"效应已经显现,两岸在经济、文化、社会等方面的交往与合作并未如预期一样,向政治互信、安全互信"外溢",而是在 2015 年呈现出"步履蹒跚"的样貌。但是,两岸关系和平发展在 2015 年所遭遇的考验、波折乃至于倒退,都只是暂时性的,并不能改变两岸关系和平发展的大势。

2016 年临近,各路评论家对于 2016 年台湾地区"二合一"选举后的两岸格局大多持悲观态度,有论者甚至以"结构性改变"论之。然而,应当看到的是,在过去七年里,尽管经历波折、动荡和起伏,但两岸关系和平发展已经形成了稳定的底基。这一底基是由两岸民众思稳定、思和平、思安定的心理决定的,是由世界和平发展的总体趋势决定的,也是两岸关系和平发展制度框架决定的。两岸关系和平发展的底基,推动"两岸抗压线"的不断抬升。

时至今日，即便是仍未放弃"台独"的民进党，也已经认识到两岸关系和平发展的不可逆性。尽管民进党在"九二共识"的问题上，仍然以模糊的办法处理之，但毕竟距离李登辉、陈水扁动辄叫嚣"台独建国"的时代有所不及。蔡英文即便蠢蠢欲动，也不得不祭出"中华民国宪政体制"的旗号，距离过去民进党的"制宪台独"主张亦有差距。需要说明的是，这绝不是"台独"分裂势力的退让或缓和，而是两岸关系和平发展不断抬升着两岸关系和平发展的"抗压线"，不断挤压着"台独"的空间所致。

2015 年，两岸关系虽有波折，但这种波折并未触及两岸关系和平发展的根本；虽有微澜，但这种微澜无法冲击两岸关系和平发展的基石。2016年，台湾地区政局即将迎来新的变局，但无论台湾地区政治局势如何变化，两岸民心不会变，历史趋势不会变，制度框架不会变，两岸关系和平发展的总体格局亦不会变。对于两岸关系和平发展在后 2016 年的前景，两岸民众完全有理由、也应当完全有信心去憧憬和面对！

发表时间：2015 年 12 月 28 日

原文链接：http：//www.chbcnet.com/zjps/content/2015 - 12/28/content _ 1207639. htm

社交网站"大战"表明两岸青年工作大有可为

1月16日台湾地区领导人选举结束后，两岸在互联网线上线下呈现出两种完全不同的面目：在线下的真实空间，两岸相互隔空喊话，互相试探，试图在旧平衡行将打破的背景下，建立新的微妙平衡；而在线上的虚拟空间，两岸网友围绕热点问题在社交网站Facebook展开"表情包大战"，热闹非凡。表面上看，两岸隔阂已深，台湾青年群体的政治认同已经到了无可挽回的边缘，然而，社交网站两岸青年颇具娱乐色彩的"大战"，恰恰说明两岸青年工作大有可为，能够为两岸关系和平发展提供持续动力！

社交网站的大战行将结束时，两岸青年在社交网站出现了有意思的一幕：被刷屏的台湾媒体对于大陆网民发来的海量表情包萌生兴趣，表示"图都好有趣""已存"；大陆网民在"大战"尾声给无奈的台湾媒体出主意，建议可以多发广告，提高点击率；台湾媒体最后也学会使用大陆风格的"尔康表情包"；台湾媒体不同栏目之间还为大陆网民刷屏"带路"……"这哪里还是吵架？"有网络媒体这样评价两岸青年的这场社交网站"大战"。

习近平总书记指出，两岸同胞是"打断骨头连着筋"的骨肉兄弟。"打断骨头连着筋"的情怀，在这场两岸青年的社交网站"大战"中表现得淋漓尽致！从大处远处着眼，两岸系属同源，有着共同的血缘、文化和历史记忆，对于中华民族的光荣与困难都有着切身的体会，两岸青年承袭的是中华民族的血脉，这种血浓于水的情结，虽然在岛内某些政治势力刻意淡化，但仍存于绝大多数两岸青年的人心之中，这是两岸青年"心灵契合"最宝贵的根基！

从小处近处着眼，2008年以来，两岸青年交往的热络程度超过2008年前的总和，两岸青年借助相互参访、交流学习、创新创业等形式，频繁来往于两岸之间，构成了两岸交往的青年洪流。台湾方面开放大陆学生赴台湾高校学习，以及承认台生在大陆所获得的学历，为两岸青年常态化交流互动提供了载体和契机。2012 年，两岸青年携手保钓，书写两岸中国人共御外侮的新篇章。彭帅和谢淑薇组成的海峡组合在 2013 年闪耀温布尔登，并最终笑傲当年 WTA 总决赛。两岸青年紧密联结，缔造属于中华民族的新纪录。在两岸交往的大格局中，青年交流成为最具活力的部分。

然而，由于岛内政治势力的"去中国化"政策和政治操弄，台湾青年的"中国认同"在整体上不容乐观。2012 年以来，历次台湾社会运动的主要力量都是青年群体。台湾学生群体作为主要力量参加了针对两岸交往的"太阳花学运"以及混淆史观的"反课纲"运动。必须承认，台湾青年大多处于人生发展的起步阶段，在台湾社会发展中处于剥夺感较强的阶层。由于近年以来台湾经济景气不佳，台湾青年在相当程度上还要承受社会进步和经济发展的代价，青年群体的失落感较强。小富即安、远离政治的"小确幸"心态，也在这种氛围中逐渐生成并风靡一时。青年群体的剥夺感、失落感，在岛内政治势力的刻意操弄下，很容易贴上意识形态的标签，从而转化为"反中"乃至"台独"的热情。

社交网站的"表情包大战"，毋宁理解为两岸青年的一种"少不更事"。最后那种娱乐色彩颇浓的结局，也表明两岸青年实际上根本没有真正的对立，更无"夷夏大防"、"统'独'对峙"。面对青年群体的这种"少不更事"，大可不必上纲上线地解读，而应当给予更加有力地引导和纾解，避免两岸青年群体滑向民粹的深渊，也避免两岸群体的热情被民粹所误导。

青年群体是两岸关系的未来，两岸关系的前途命运系于青年群体。在两岸关系可能遭遇空前困难的情况下，两岸青年工作更加大有可为。2014 年后，大陆将寄希望于台湾人民的方针，更加聚焦在"三中一青"上，台湾青年工作成为大陆对台工作的核心部分。可以预见，青年群体将在两岸关系中扮演越来越重要的作用，绝不再是两岸关系的看客，而是两岸关系和平发展的主角！

发表时间：2016 年 1 月 22 日

原文链接：http：//www.chbcnet.com/zjps/content/2016 – 01/22/content _ 1212514.htm

岛内政治的罪与罚

民进党搁置了继续前行的政治大智慧

果不其然，民进党的全代会没有通过部分党代表提出的"冻独"提案；没有想到，"冻独"提案会在五分钟内，被蔡英文以踢到民进党中执委的方式搁置。慢起快落，被热议良久的"冻独"提案，被两岸各方面至少寄予些许希望的民进党转型良机，被"蔡氏模糊"冷处理了。

民进党大佬谢长廷一句"党主席有智慧啦"，成为"蔡氏模糊"的最佳注解。蔡英文称，党纲是党内的重要文件，任何党纲修正都需要建立党内共识，这"需要漫长的时间"。从民进党党代会前，"冻独""挺独"和中间路线三种观点的博弈来看，每种观点都代表着民进党内的一种声音，背后不乏有影响力的政治人物背书。蔡英文用提交中执委的办法，将"冻独"提案搁置，表面上看不失为一种政治智慧。然而，这种带有政治操弄式的平衡术，充其量只是小聪明，远非大智慧。

蔡英文肯定知道，2012 年败选领导人选举的重要原因，是民进党不能正视"九二共识"，没有明确放弃"台独党纲"。放弃"台独党纲"，回到"九二共识"的立场上，是民进党的"最后一公里"。民进党内对这个道理明不明白？从党内大佬的举动来看，民进党内不仅明白两岸关系和平发展的重要价值，而且十分善于运用这一重要的话题资源。君不见，多位民进党籍的县市长访问大陆，除了带走大笔利好外，也赚足眼球，曝光率激增。道理都是明白的，为何民进党就是走不出这"最后一公里"呢？原因还是民进党和蔡英文缺乏政治大智慧。

学者出身的蔡英文肯定知道马斯洛需求层次模型。马斯洛需求层次模型认为，安全是人最低层次的需求，也是其他需求的前提条件，只有满足了安全需求，人才能追求更高层次的需求。承认"九二共识"，对于台湾的最大意义是什么？不是大笔的大陆订单，也不是蜂拥而至的大陆游客——在大历史观的视野内，这些具体层次的交流都是表象。"九二共识"对于台湾的最大意义是消除了台湾的安全顾虑，消除了台湾发展的偶然性，让台湾不必担心有一天在台湾发生的一切都成为幻影。民进党只挖掘了台湾人的"悲情心态"，却没有发现这种"悲情心态"背后对于安全的极端渴望。所以，这里很好解释为何台湾民众在 2012 年选举前尽管对马英九的执政能力怀有高度怀疑，仍选马弃蔡。台湾人民不是选马，而是选择了能够给台湾带来安全保证的"九二共识"。

民进党似乎有一段时间很明白这一点。党内频频出现反思"台独党纲"的声音。不过，在国民党及马英九声望急剧下滑，岛内政治局势出现波动后，民进党的心态也发生了变化。特别是今年 3 月的"太阳花学运"后，马英九的声望跌至执政以来的谷底，国民党年底"七合一"选举前景堪忧，民进党也至少在表面上能够团结在"蔡英文主席"周围。这种情势像极了2000 年前的民进党和 2008 年前的国民党，2016 年的政党轮替似乎就在眼前。然而，领导人选举与民意代表选举、县市长选举不同，也与是否通过《海峡两岸服务贸易协议》之类具体的议题不同。如果说选民对于后者的关注点，更加偏向于自己周遭范围内的小利益，那么，在领导人选举中，选民更加关注的则是台湾的前途与命运。毕竟，文攻武吓、军演纷飞的日子，大家都不想过。过着"小确幸"的日子，比政治上的各种凌乱要可靠得多。可惜的是，民进党和蔡英文在小处下足了功夫，却忽略了台湾的民心大势。

对于民进党走过"最后一公里"，大陆方面释放了足够的善意，也预留了政策话语的表述空间。2008 年 12 月 31 日，胡锦涛在纪念《告台湾同胞书》发表 30 周年座谈会上发表了《携手推动两岸关系和平发展同心实现中华民族伟大复兴》的重要讲话中直接点名民进党，希望民进党认清时势，停止"台独"分裂活动，不要再与全民族的共同意愿背道而驰，并表态只要民进党改变"台独"分裂立场，大陆方面愿意做出正面回应。中共十八大报告也提出，对台湾任何政党，只要不主张"台独"、认同"一个中国"，我们都愿意同他们交往、对话、合作。习近平在 2014 年 2 月 18 日会见国民党荣誉主席连战时，明确表示，无论是谁，不管他以前有过什么主张，只要现在愿意参与两岸关系和平发展，我们都欢迎。十八大报告中的"任何政党"，习近平所讲的"无论是谁"，虽然没有点明对象，但在两岸关系的论域内，明眼人都能看出就是指向民进党。对于大陆的善意，民进党似乎并不领情，或许没有完全会意，仍以"统战策略"度之。从根本上而言，这是民进党在两岸关系上封闭性的体现。一个不能包容多元意见，甚至是对己有利意见的政党，很难谈得上是一个成熟的政党，更难想象这样的政党能够真正获得选民的理解与支持。

话说回来，尽管冻结"台独"党纲与放弃"台独"并不能画上等号，没有"台独党纲"的民进党也未见得会走到"九二共识"的正轨上来。但搁置"冻独"提案已经足够表明民进党和蔡英文的立场。民进党不仅没有走过"最后一公里"，而且并不想走这"最后一公里"，甚至有越走越远的态势。蔡英文想借此巩固"太阳花学运"的成果，重祭"台独"的"神主牌"，最大限度获取选票资源。这种选举的小聪明，最终抵不过两岸关系和平发展的大势，也抵不过台湾社会的主流民意，最终的结果可能是捡了芝麻、丢了西瓜。

发表时间：2014 年 7 月 23 日

原文链接：http：//www.chbcnet.com/pl/content/2014 - 07/23/content_906828.htm

模糊的"维持现状论"
挑战两岸关系底线

从 2008 年起，两岸议题成为民进党最大的伤痛。"形势一片大好"的 2012 年，由于两岸议题上的致命伤，蔡英文"台湾第一女总统"的梦又延续了四年。如何既能保持当年的"台独""初心不改"，又能当上"好好女士"摆平各方，文案的策划变得至关重要。于是，"维持现状论"在蔡英文以候选人身份"访美"的敏感时刻被抛了出来。"维持现状论"看似比当年李登辉的"两国论"、陈水扁的"一边一国论"温和了不少，但深究起来，依然没有体现出民进党回到两岸关系和平发展轨道上的决心和诚意。

何谓"两岸关系现状"？胡锦涛早在 2005 年 3 月 4 日的"四个决不"中就明确指出："1949 年以来，尽管两岸尚未统一，但大陆和台湾同属一个中国的事实从未改变。这就是两岸关系的现状。这不仅是我们的立场，也见之于台湾现有的规定和文件。"所谓"两岸关系现状"，就是"两岸一中"的现状，就是"法理一中"，就是两岸关系和平发展的现状。这个道理是再明白不过的了，也是海峡两岸和国际社会都已经认同的政治现实和公理。如是所言，蔡英文的"维持现状"论，是否意味着民进党已经承认了"两岸一中"？遗憾的是，在民进党的论述体系中，"两岸现状"大概是另一套理论体系。民进党至今还未放弃表征"维持现状就是台独"的"台湾前途决议文"，至今还没有明确承认"九二共识"，所谓的"维持现状"，在民进党看来，恐怕是"维持台独现状"的意涵多一些。

今天的蔡英文已经没有当年李登辉、陈水扁的"政治魄力"，在台湾民意和国际舆论的压力下，民进党也未见得敢于再次抛出"激进台独"的主张。"维持现状论"因此也未必完全等同于过去的"两国论"和"一边一国论"。但是，"激进台独"未必有，"温和台独"或阻碍两岸关系和平发展的意思则未必没有。民进党 2008 年后"逢陆必反"的行为举止不仅没有消减，反而愈演愈烈，几乎在所有有利于两岸关系和平发展的议题上，都要发声作祟,都要施加干扰,都要"为反而反"。听其言,观其行,何况其言亦不确。民进党经过 2008 年到 2014 年的"触底反弹","自信心"恐怕早已爆棚。2016 志在必得的蔡英文,更是开始敢于运用模糊话语挑战两岸关系的底线。

或许有人会说,两岸关系中本来就充满着模糊啊!的确,"九二共识""一中各表""两岸关系和平发展"等表述,也都是两岸在国家尚未统一特殊情况下的模糊表述。但是这些表述的模糊性,是为了避免两岸关系陷入空洞、抽象的概念之争,是两岸凝聚共识、求同存异、聚同化异的成果,是充满大智慧、大眼界和大胸襟的表现,也是两岸关系能够获得今天这样绚烂成果的基础与前提。"维持现状"论的"模糊"则完全不然,暂且不论其中所包含的"维持现状就是台独",就是"'维持现状'是否意味着从此陷入'深水区'不再自拔","两岸协议从此打住","两岸关系和平发展的步伐就此停在今时今刻"等问题,已经不是"维持现状"这空洞、模糊的四个字能够加以概括和回答得了的。

对于民进党,大陆方面向来是以最大诚意予以争取。十八大报告指出:"对台湾任何政党,只要不主张'台独'、认同一个中国,我们都愿意同他们交往、对话、合作。"2014 年 2 月,习近平同志会见国民党荣誉主席连战时提出:"我们对台湾同胞一视同仁,无论是谁,无论他之前做过什么,只要他现在愿意推动两岸关系和平发展,我们都欢迎他。"这些都体现了大陆方面对于民进党的最大善意、诚意和心意。民进党内亦有有识之士认识到两岸关系和平发展的大局已经非一党之力所能违逆,但其核心层依然视若无睹,反而掩耳盗铃,自欺欺人。

孟子云:"贤者以其昭昭使人昭昭",民进党却"以其昏昏使人昭昭"。"维持现状论"使人看到的,不是一个试图去解决问题的民进党,反而是一个强词夺理、欲说还休的民进党。这样的民进党,不仅求稳定、思安定的台湾民众不会满意,追求两岸关系和平发展的大陆不会满意,就是蔡英文这次去游说的对象恐怕也不会太满意!

习近平总书记多次强调,两岸"唯有以心相交,方能成其久远"。两岸"心灵契合"是两岸关系和平发展的根本所在。"以心相交"也好,"心灵契合"也罢,"交"与"合"都是双方面而非单方的。面对大陆的善意、诚意与心意,意在台湾发挥更大作为的民进党和蔡英文,应当真正用心想一想,回归民族大义，不再与全民族的意志和利益背道而驰。

发表时间：2015 年 6 月 1 日

原文链接：http：//www. chbcnet. com/zjps/content/2015 – 06/01/content ＿ 1123894.

htm

老将宋楚瑜应知道的
"大局"和"大势"

随着洪秀柱"出闸",2016年台湾地区领导人选举的第一波谜团渐次解。这波谜团中,剩下唯一值得关注者,就是屡战屡败又屡败屡战的宋楚瑜,是否会再度披挂上阵,开启他新的选举征程。

作为一名亲历台湾选战20年的政治老兵,宋楚瑜经历了李登辉、陈水扁、马英九三任领导人,经历了国民党和民进党几乎数不清的党主席,更是在2000、2004和2012三度亲自参选。虽功败垂成,但"宋楚瑜"已经成为台湾政治史和台湾选举史的一个符号。随着时间的流逝,宋楚瑜的影响力已经逐年下降,早已不复当年台湾首任"民选省长"的高人气。麦克阿瑟曾言:"老兵不会死,只会慢慢凋零。"然而,宋楚瑜似乎不甘凋零,依旧跃跃欲试,试图找回当年的风采,为"九七精省"、"兴票"案、"三一九枪击"案等这些听来已经恍若隔世的案件报"一箭之仇"!

从台湾地区相关规定来看,宋楚瑜当然有权决定是否参选。然而,从政治历史的发展大势,从两岸关系和平发展的大局来看,宋楚瑜应该更加关心的是台湾的下一个十年,而不仅仅是台湾的下一次选举,留一个"政治家"的"身后名"给台湾。

何为"大势"?

"强人政治"向"常人政治"的过渡,是政治人物应当明晰的"大势"。当一袭休闲装的奥巴马一步跳上讲台,当萨科齐、贝卢斯科尼、奥朗德等西方政治领袖的新闻出现在娱乐版,当高颜值的卡梅伦、齐普拉斯登上最高权力的宝座,政治场就不再是"强人们"的天下,而是充斥着与平凡人无异的"常人"的天下。

"看脸风"刮进了政治场,传统的"权力黑领"已经开始逐渐被"政治红领"取代。年轻选民对于政治的海量参与,宣传造势的重要作用,网络新媒体的大量运用，都决定了在选举社会能够登上权力巅峰的绝不是传统官僚型的政客，而是善于抓眼球的新派政治精英。政治人物用什么抓眼球？是态度鲜明的政策，刺激神经的演讲，极富创意的造势，棱角分明的个性。资历、经验、年龄，这些曾经称雄政治场的因素，不仅不再是加分因素，相反已经成为减分因素。征战选举20年的宋楚瑜超越洪、蔡二人的只有资历、经验和年龄，可能还多了一份"屡战屡败"又"屡败屡战"的悲情。然而，从2012选举和2014台北市市长选举的结果来看，宋楚瑜并没有获得多少"同情分"，想必在2016选举中也不会有何例外。

政治世代的更替，选民口味的变化，都是不以政治人物的意志为转移的。从世界看台湾，国民党和民进党两大主要政党均推出女性候选人参选，实不过是全球政治领袖"女性风"的体现。"柱柱姐"和"小英"的称谓，让台湾选举增添了浓郁的平民化、年轻化色彩。作为一名政治人物，应当明晰其中的大势，而非为刷"政治存在"逆势而行。

何为"大局"？

两岸关系和平发展，是台湾有责任感的政治人物必须关注的大局。2012马英九险胜，2015洪秀柱在逆境中崛起，这些事件背后的重要原因，都是马英九、洪秀柱所推行的两岸政策，符合两岸关系和平发展所需，从而满足台湾民众思稳定、求安定的心理。2008谢长廷惨败、2012蔡英文败选及至近期蔡英文人望降低，都是因为民进党至今没有在两岸政策上做出符合"九二共识"和"一中"框架的表态。两岸关系和平发展虽不系于一人一党，但如能在台湾地区争取一个更加有利于两岸关系和平发展的政治环境，亦有着重大意义。

当前台湾的政治局势来看，蔡英文裹挟"反服贸学运"和"九合一"胜选之势，大有视2016"大位"如"囊中物"的架势。从蔡英文及民进党内人士的言行来看，民进党2008年和2012年均因两岸政策败选的教训早已被抛之脑后。民进党不仅没有放弃"台独党纲"，甚至有在"台独"道路上越走越远的倾向。可以想象，民进党如若在2016年实现第三次"政党轮替"，两岸关系和平发展必将遭遇一场大波折。在此意义上，国民党、亲民党等泛蓝政党能够坚持"九二共识"，其执政更加符合两岸关系和平发展所需，也更加符合两岸民众的根本利益。关键问题是，同属泛蓝阵营的洪秀柱和宋楚瑜同时参选，必将分化选票。这种选票的分化，对于2012年的马英九而言，尚且造成不小的压力，对于崭露头角的洪秀柱而言，不啻如一场严峻的政治考验！再考虑国民党内对于洪秀柱仍存在较大争议，宋楚瑜是否参选就更加具有指标意义了！如若宋楚瑜能够识大局，以泛蓝整合为重，放下个人的政治计较，他的背影应该会更加伟岸一些。

作为一名浸淫台湾政坛20的政治人物，宋楚瑜应当是明白大势，也意识到大局的。事实上，就连宋楚瑜自己，也不认为其能够在2016年选举中获胜。参选，一是过去20年心结作祟，试图再做一搏，权当抒发"凭谁问，廉颇老矣，尚能饭否"的情怀；二也是为亲民党和自身长远政治前途考量，在台湾政坛继续显示存在。事实上，政治人物发挥作用和维持影响的途径，并非只有参选一途，宋楚瑜不妨学一学他在2004年的竞选伙伴，致力培养新人，为两岸关系和平发展奔走，做到"我不在江湖，江湖处处有我的传说"，岂不懿欤？

发表时间：2015年7月28日

原文链接：http://www.chbcnet.com/zjps/content/2015 - 07/28/content _ 1153915. htm

理解台湾政局需认识三大基本规律

　　台湾地区领导人和立法机构民意代表"二合一"选举将近，由于政党轮替的可能性接近于100%，而即将执政的民进党至今没有放弃"台独"党纲，且至今不认同"九二共识"，因而未来台湾政局和两岸关系发生负面变化的可能性加大，两岸关系即将迎来新的拐点。

　　本次"二合一"选举对于台湾政局的影响不可谓不大，甚至够得上是"剧烈"二字。然而，这种大影响或曰剧烈影响，仍然不会影响两岸关系和平发展的大势。台湾政局和两岸关系不会为一次选举所左右，而是有其规律所在。理解台湾政局，需要认识选举、政党、民心三大基本规律。

政党轮替是选举社会的必然现象，应当客观认识和正确看待本次政党轮替

　　选举社会没有永远的执政党，选民的心态永远是"喜新厌旧"。选民对于执政党的不满情绪需要通过选举加以宣泄，这不仅是选举的必然后果，甚至是选举制度的设计目的之一。暂且不论国民党在过去八年政绩不彰、纷争不断，在执政治理方面有着无法辩驳的"硬伤"，就是执政成绩颇佳的政党，在选民们"审美疲劳"后，也免不得黯然下台的下场。

　　台湾地区是选举社会，选举的分合与胜败，执政者的来去与上下，在地方县市长层面的选举已经成为常态，全岛层次的选举也已经出现了两次。无论哪个党上或者下，都包含在选举社会的必然规律中，政党轮替常态化是不以人的主观愿望转变而转变的客观规律。支持统一、反对"台独"的政党胜选，固然值得高兴，但亦无必要欣喜若狂；支持"台独"、反对"一中"的政党胜选，固然需要警觉，但亦无必要哀鸿遍野。

　　君不见2008年，《联合报》的社论还是"蓝色大海中飘着几片绿色落叶"，最乐观者甚至认为民进党将从此一蹶不振甚至泡沫化。八年后的今天，民进党不仅没有泡沫化，反而触底反弹甚至有底气"躺着选"，台湾的

政治版图也随着变成"一锅绿汤中飘着几颗蓝莓",这不是民进党有多强或者国民党有多烂,而是规律使然。本次国民党固然会下台,但民进党亦非一劳永逸地获得永久执政地位,台湾选民今天有多讨厌国民党,一年甚至几个月之后,这种厌恶感会毫无二致、百分之百地回馈到民进党身上。这就是选举社会的基本规律,今天的国民党阻挡不了,明天的民进党亦阻挡不了。

本土化是政党生存所需,应当认真对待
国民党进一步本土化的现象

本次选举不仅是对台湾执政权、政党的一次洗牌,对国民党和民进党两大政党的内部政治派系也是一次洗牌。如果说即将执政的民进党所面临的是权力分配问题,那么国民党所面对的则是生存问题。以选举为主要任务的政党要生存,它的唯一路径就是本土化,这是政党政治和选举政治结合的一条基本规律。国民党在台湾这样一个选举社会,要生存,特别是在全面失去执政权的情况下生存,也必然会出现进一步的本土化。

这不是国民党第一次面临本土化问题。从1971年台湾当局被逐出联合国以来,每一轮台湾或两岸发生危机,国民党的本土化程度就加深一次,从一开始被迫的本土化,再到自觉的本土化,及至当前刻意的本土化。原因无他,国民党作为一个外来精英政党,生存压力远大于本土草根的民进党。为迎合占到人口多数的本地选民,唯一的办法就是走本土化的道路。可以说,从国民党在20世纪50年代开放地方层次的选举之日起,本土化就已经不可避免。只不过,国民党的本土化走到今天,变成了排外化。不仅出身台湾本土的国民党精英排外,连具有外省人身份的国民党精英也排外。"换柱"标志着外省势力在国民党内的全面败退,并且可能从此一蹶不振。国民党未来即便再度执政,也将是一个高度本土化的国民党。

如果将两岸关系比作一部大河剧,2016年"二合一"选举这一集对后续剧情最大的影响,未见得是民进党的再度执政,而是国民党彻底的本土化。彻底本土化的国民党,还是否是今日的国民党?彻底本土化的国民党,还能有多少真心用在反分裂上?对于大陆而言,这或许是比两岸关系和平发展可能面临的挫折,更加需要认真对待的问题。

两岸关系和平发展是两岸民心所致，应当对两岸关系和平发展的前景保持乐观心态

"逆转"一词自 2015 年下半年后，开始成为预判 2016 年后两岸关系和平发展趋势的主题词，甚至有人认为，民进党重新执政后，两岸关系和平发展这八年的成果将完全丧失，两岸关系甚至有可能重回冰点，两岸间"文攻武吓""军演纷飞"亦非虚言。从短期效果来看，两岸关系和平发展的进程受到影响、阻滞，乃至倒退均有可能，两岸关系和平发展过去八年的成果，在一定程度上也会有所减损。但从长远来看，两岸关系和平发展在 2016 年后的总体格局不会改变，前景乐观。

两岸关系和平发展不是为了实现特定政治目的的工具性手段，为台海地区谋和平、为两岸民众谋福祉是两岸关系和平发展的根本目的所在。民心，是两岸关系和平发展的根本动力。只要台湾民众谋和平、盼发展、思安定的心绪不变，两岸关系和平发展就是不可阻挡的历史大势。观察本次选举，国民党遭遇挫折的一个重要原因，就是没有满足台湾民众对于经济发展、社会稳定、生活幸福的需求。

民心之所以能够维系两岸关系和平发展的永续性，就在于两岸关系和平发展消了台湾发展的偶然性，缓解或消除了台湾地区的生存压力。当下在台湾风行的"小确幸"生活方式，恰恰始于 2008 年后两岸关系最稳定、最繁荣、最密切的八年间。如果两岸还处于军事对峙的状态，"小确幸"们拿什么去确定幸福？作为普通民众，或许会对政治冷漠，但谁都不会喜欢战争、动荡，谁都企盼和平、发展。这就是两岸民众心灵契合的基础，也是两岸民心所在和民心所向。只要此心不变，无论台湾什么党执政，执政党是什么意识形态，两岸关系和平发展的历史大势都绝不会发生改变。

发表时间：2016 年 1 月 12 日

原文链接：http：//www.chbcnet.com/zjps/content/2016 – 01/12/content _ 1210317. htm

后 2016：台湾政局的新常态及应对

2016 年台湾地区"二合一"选举尘埃落定，台湾迎来了又一次的政党轮替。政党轮替之后，新领导人的两岸政策、新第三势力的崛起、国民党败选的原因等议题固然是值得高度关注的热点，但从长时间的视角来看，一次或者两次选举的结果并不是最重要的，由选举所揭示或者暗示的台湾政局新常态才更加需要获得清醒的认识。

必须承认，岛内政治格局已经从蓝绿对决，向着浅绿和深绿的对决方向发展。承认"九二共识"的国民党在本次选举中溃败。尽管有论者通过各种数据，论证国民党输在投票率低；尽管不能将本次选举视作台湾民众对"九二共识"的表决；尽管也不能认为国民党将就此沉沦。但是，国民党自身的调整，特别是向着更加本土化的方向调整，是完全可以预料的，而且是正在发生的。国民党推进两岸关系和平发展八年，最终落得全面落败的下场，对于国民党内的本土派而言，这当然是党内派系博弈最好的借口。就在败选后第二天推选继任党主席的时刻，国民党内部分人所为的不是反省和检讨，而是忧心忡忡地如何"防柱"。本土化是国民党发展的必然趋势，也是政党政治规律使然，而本土化的国民党为迎合选民，必然会与大陆刻意保持距离，甚至在以"九二共识"为主轴的两岸政策上发生变动，国民党的更加"绿化"已经是一个大概率事件。自 20 世纪 90 年代后即维持至今的"蓝绿对决"，随着国民党的"绿化"，将成为浅绿和深绿的对决，"九二共识"的地位及认受度将在台湾遭遇前所未有的挑战，甚至不排除被"标签化"和"妖魔化"的可能。

台湾世代政治已经进入解严后世代，中国情结在台湾加速淡化。在自然规律的作用下，深受中国国家认同教育、怀有中华意识的世代已经开始淡出台湾政坛，甚至不再构成台湾选民结构的多数。"时代力量"的崛起，代表着解严后世代全面、独立登上台湾政坛。这一世代从年龄上大多出生在 20 世纪 90 年代前后，很多是第一次行使投票权的"首投族"，而他们所受教育的年代，正好是李登辉、陈水扁"去中国化"的高峰期，中国意识和中华意识从整体上而言已经呈现出加速淡化的趋势。2008年后，"小确幸"的生活态度又让台湾年轻时代开始远离传统的政党政治，而是更加热衷于社会运动。缺乏中国意识的台湾年轻世代将如何看待"九二共识""一个中国"这样的议题，恐怕已经不能乐观处之。

两岸议题在台湾的重要性下降，经济和民生将成为岛内政党竞争的主要议题。坚持"九二共识"和积极推动两岸关系和平发展的国民党惨败，至今不承认"九二共识"和消极"维持现状"的民进党大胜，这个明显的信号已经足以让岛内各政治派别产生联想：即两岸议题的重要性已经远不如2008年和2012年那么重要了！若如是，则国民党和民进党在两岸政策上会出现趋同的效应，即国民党和民进党无论话语体系如何，内里的本质其实都是"维持现状"。两岸议题将从核心议题，变成两党大体相同的背景性议题，在台湾政局的议题列表中逐渐边缘化。两岸议题的边缘化，将加剧台湾民众对于大陆的疏离感，也削弱了大陆对于台湾的影响力。

一个不争的事实是，在后2016，大陆的对台工作将变得更加困难，争取台湾民心的努力将更加艰难。应对台湾政局在后2016年出现的新常态，大陆方面应当排除万难，坚持寄希望于台湾人民特别是"三中一青"的方针绝不动摇。在这个大方略之下，能动地调整策略，不仅要寄托台湾民意，还要有意识地引导台湾民意，既要用和风细雨的方式引导，也要用雷霆万钧的方式引导。要让台湾政党意识到，两岸议题不仅是台湾的发展议题，而且是台湾的生存议题，决不能束之高阁、模糊应对；要让台湾年轻世代认识到，"九二共识"和"小确幸"不是并列关系而是因果关系；要让台湾民众认识到，台湾的命运从来就是和大陆紧紧相连，岛内政局不可能脱离大陆孤立发展，对台湾的任何变局，大陆仍有最终发言权。有些过去说得多而后来说得少的话语，如"绝不承诺放弃使用武力"，在适当的时候也可以重新提醒一下岛内蠢蠢欲动的"独派"势力。在有所需要且条件成熟的情况下，甚至可以考虑再次发表《告台湾同胞书》，总结1979年《全国人大常委会告台湾同胞书》发表以来对台工作的经验与成就，既表明大陆坚持推进两岸关系和平发展的决心，也将对台工作的底线做一个更加清晰而直接的阐述。

2016年的台湾选举，与2000年和2008年的台湾选举一样，只是两岸关系发展史的一个节点。或许会延缓两岸关系和平发展的步伐，但绝不可能阻挡两岸关系和平发展，更没有所谓"逆转效应"。两岸关系和平发展的大趋势没有变、总体格局没有变，紧紧把握这个主题，在战略和策略上进行必要的调整，两岸关系和平发展的未来仍有可期！

发表时间：2016 年 1 月 20 日

原文链接：http：//www. chbcnet. com/zjps/content/2016 – 01/20/content ＿ 1211978. htm

后"党产处理条例"的台湾政党格局

果不其然，民进党主导的台湾地区立法机构以绝对多数通过"政党及其附随组织不当取得财产处理条例"（以下简称"党产处理条例"），完成民进党立党以来近30年的夙愿，开始对国民党党产进行清剿，也开始对国民党进行最后的扫荡。尽管国民党已经就"立法"是否符合规范性发出质疑，认为该条例制定容易执行难。但从国民党方面的表态和表现来看，"去党产化"已经成为国民党不得不为、必须得为之事。去了党产的国民党，还能有多少凝聚力和战斗力，已经颇有疑问。"党产处理条例"是民进党刺向国民党的致命一剑，台湾地区蓝绿对搏的政党格局有较大可能发生改变。

国民党党产来源不正，这是不争的事实。党产问题与"二·二八"、"白色恐怖"等共同构成了国民党的"原罪"。国民党在党产问题上毫无招架之力，即便是在与民进党激辩"党产处理条例"时，亦只能从程序正义、民主价值等虚空概念上争高下，却不敢在党产正当性的根本问题上论长短。党产对于国民党而言，已经是一个沉重的历史包袱和现实压力，也是民进党攻击国民党的最佳借口，更是台湾民众质疑国民党的重要原因。民进党在国民党党产问题上已经收取了大量的"民意租"，就算是在两岸政策和国家认同上贴近国民党立场的台湾民众对于国民党的党产也有颇多微词。可以说，党产不去则国民党将永远背负这个包袱，在绿营和民众的重压下生存。

那么，党产能不能去呢？答案是不能！国民党和所有的现代政党一样，早期革命的浪漫主义和英雄主义色彩已经基本褪尽，现在的国民党与其说是当年同盟会热血志士的传人，不如说是一个深谙政治游戏规则、眼望政治经济利益的政客团体。不仅不负当年率领人民推翻清朝、缔造共和的豪情，不负完成台湾十大建设的情怀，就是2008年重获执政权的热情也早已不再。在国民党岌岌可危之时，一众男性大佬、天王，竟然无一人敢承担起虽败犹荣的历史责任。即便在领导人、立法机构、地方首长三个层次全面失掉政权后，内部的倾轧也从未停止过。国民党当前还能够凝沙聚塔的关键，主要来自于三个方面：其一，作为曾经台湾最大党和长期执政党给人们带来的路径依赖和心理依赖；其二，作为未来仍有可能重获执政权给政治人物产生的远期投资效应；其三，作为台湾最大经济资源控制者给党的中高层带来的实际经济利益。这三点有一个核心枢纽，那就是党产！没有党产，国民党只是一个空壳，人们的路径依赖和经济依赖无所附丽；没有党产，国民党未来重新执政之路将更加渺茫；没有党产，又如何去满足众多中高层干部的经济利益？应该说，党产已经取代理想和信念，成为国民党的黏合剂，也是国民党还能够在台湾生存与发展的最后支柱。

在这个意义上，"党产处理条例"所为的不是"去党产化"，而是"去国民党化"！去党产就是对国民党最后的扫荡和清剿。国民党去了党产将彻底沦为台湾地区的二流政党，没有再与民进党争高下的实力与底气。随之改变的，是台湾地区政党格局的变化。从民主体制而言，除了"少数服从多数"的多数决原理外，"大小相制"的政治平衡术亦是非常重要的一环。台湾自诩为民主社会，有一个能够与执政党相匹配和抗衡的政党是十分重要的制衡机制。国民党在台湾政治舞台的黯然离场或敬陪一角，让民进党能独霸舞台，显然是对于台湾所谓民主社会的一种讽刺和伤害。陈水扁执政八年，台湾造就了"去中国化"的一代人。如果让民进党长期执政，台湾的国家认同会恶化到何种程度的确很难预料。

退一步说，民主社会的确有一股创生制约力量的动能，一如当年起于草根的民进党能够击败掌握巨量党产的国民党一样。未来的台湾政坛，亦可能出现一个能够与民进党抗衡的新政党。民进党也会如同两部《沙丘》一样，第一部的老主角在第二部成为新主角的垫脚石，甚至这个新力量又未尝不可能是"去党产化"后触底反弹的国民党？问题是，彼时的新政党或者国民党还是今天的国民党么？一个在求生欲望驱使下不断本土化的政党，其实已经彻底改变了蓝绿对搏的格局。后"党产处理条例"时代的台湾政党格局，不复为蓝绿对搏，而是浅绿与深绿的对搏！

"党产处理条例"事实上宣告着"百年老店"国民党即将谢幕。未来的国民党尽管可能会保留原有名称，甚至在人员配置上也会在政治惯性的作用下"滑走"一段时间，但"百年老店"的魂魄已经开始消散。对于大陆而言，应该是开始思考如何应对岛内新政党格局以及如何在新政党格局下进行危机管控和策略应对的时候了！

发表时间：2016 年 7 月 30 日

原文链接：http://www.chbcnet.com/zjps/content/2016 – 07/30/content _ 1247426. htm

蔡英文少数民族政策
定调"历史台独"

执政后的蔡英文当局在推进"台独"的道路上用尽了心思。从民进党一直主张之"法理台独""文化台独",再到"民意台独","台独"推进形式和花样不断翻新。最近蔡英文对台湾少数民族的所谓道歉文,又祭出了"历史台独"这一新的"台独"形式。蔡英文在道歉文中明修栈道,暗度陈仓,利用台湾少数民族的被压迫史和抗争史,臆造了一个少数民族在台湾反抗"外来政权"故事,试图解构台湾的中华史观,为"台独"的"历史依据"奠基。

综观蔡英文的讲话稿,三个关键词贯穿其中:一曰"原来的主人",次曰"汉人史观",再曰"转型正义"。"原来的主人",将台湾少数民族塑造成台湾最早的主人。如此,则台湾并非是一个由来自于中国大陆的移民所构成的"移民社会",而是一个有台湾少数民族的"垦殖社会",台湾与中国大陆在血缘和人员上的联系被这个"原来的主人"切断,台湾和中国大陆乃至于中华民族的关联也随之被弱化。在蔡英文的逻辑中,台湾少数民族是台湾"原来的主人",那么来自中国大陆的"移民"又当为何呢?

蔡英文提出"汉人史观"的概念,则渐次描述了荷兰西班牙殖民者、郑氏家族、清王朝、日本殖民者、国民党政权对台湾少数民族的"压迫史"以及台湾少数民族的"抗争史"。不管是历史上确实存在的殖民者对台湾少数民族的压迫,还是全凭臆想出来的郑氏家族、清王朝等对少数民族的所谓"压迫",也不论"施压者"种族差异如何之大,都被囊括在这"汉人史观"之中,中国符号因而要为历史上台湾少数民族所承受的苦难背负责任包袱。这种荒谬的转换,目的与民进党对于"二·二八"的政治操弄如出一辙。如果说"二·二八"构造了外省人对于闽南、客家等本省族群的"原罪",则蔡英文的"汉人史观"论调则构造了对台湾少数民族的"原罪"。这两个关键概念的释出,最终目的就是蔡英文念兹在兹的"转型正义"。近程则将国民党涂抹成"压迫"台湾少数民族的代表,继续打压国民党；中程则希望透过对少数民族的"转型正义"，对少数民族输送利益，在少数民族身上捞取政治资源；远程则以少数民族为途径，构建有别于中华史观的"台湾史观"，以之作为支撑"台独"的历史基础。

那么，蔡英文所言是否确切？汉人是否背负着"压迫台湾少数民族"的原罪呢？答案亦是否定的。蔡英文向台湾少数民族道歉之举，是对新西兰政府向新西兰原住民族道歉的模仿与重复。但与后者不同的是，中国之于台湾的关系，绝不是类同于新西兰殖民者对当地原住民族的关系。在人类学和民族学上早有定论，台湾地区的少数民族有相当部分是古越人的后裔，来自大陆的浙江、福建等地区，还有源自其他地区的少数民族，经过数百年的沉淀、融合、交流，形成台湾少数民族，这是中华民族形成的一个历史性环节。之后因各种原因先后赴台的闽南、客家和外省及至现时的新族群，都与台湾少数民族有着深度融合。在历史上，台湾少数民族也从未认为自己是区隔于中华民族的独立族群。播迁来台的汉民族先民，尽管与少数民族有过纠葛、有过冲突，但更多的是交流与融合。在民族大义面前，包括少数民族在内的台湾地区各族群同胞，一道构成抵抗日本殖民统治的重要力量。时至今日，台湾少数民族中的相当多成员说汉语、写汉字、取汉名，体验多元文化圈的生活，享受本民族与其他民族交融带来的文明成果，台湾少数民族早已融入中华民族的大家庭。蔡英文不仅至今没有承认"九二共识"，试图分裂国家，而且还臆造台湾地区的族群分割和对立，试图分裂整个中华民族，这不仅不符合中国和中华民族的现实利益，也与中国和中华民族的历史源流相违逆。

蔡英文向台湾少数民族道歉，本质上是将过去绿营学者构建的"历史维度的台独"，从理论层面摆在政治的桌面上。在对台湾少数民族的道歉声中，历史上先后侵台的外国殖民者，从中国大陆播迁来台的政权，曾经对台湾实行过有效管制的中国中央政权，被归类为具有"外来政权"这一共同特征的"压迫者"。因此，蔡英文的道歉文在政治层面完成了对"外来政权"的构造，并且将支撑"外来政权"的史观赋名为"汉人史观"。"外来政权"的构造，可谓是"项庄舞剑，意在沛公"，它暗示了这样一种逻辑：只有"台湾人自己的政权"才是包括台湾少数民族在内的台湾人的"救赎者"。不仅1945年后来台的国民党政权难称"台湾人自己的政权"，中国大陆也非"台湾人自己的政权"，恐怕未来统一的中国也非"台湾人自己的政权"。这一逻辑从一种生造的历史观中，牵引出"反中"情绪，也营造了对抗祖国统一的历史氛围。

　　台湾地区的所谓族群矛盾，本质上是因岛内资源分配不均产生的矛盾，如果硬要和民族认同、国家认同等攀上关系，实属为"台独"目的而为的政治操弄。蔡英文的道歉文即使不是臆造了台湾少数民族的历史，也是曲解了台湾少数民族的历史。中国和中华民族的历史，是包括台湾地区在内的完整历史，不容政治切割，也不是任何势力可以随意编排的！企图将台湾少数民族摆上"台独"祭坛的行为，不仅不符合中华民族和台湾地区的长远利益，也有损台湾少数民族的根本利益，到头来只会被包括台湾少数民族在内的全民族抛弃！

　　发表时间：2016 年 8 月 8 日

　　原文链接：http：//www.chbcnet.com/zjps/content/2016－08/08/content＿1248939. htm

民进党跳不出在台执政
"历史周期律"

　　蔡英文执政已过三月，民进党执政团队民调出现大幅下滑，林全团队更是经历民调上最骇人听闻的"黑色交叉"。在蔡英文任期届满三个月之时，蔡英文通过记者会形式向外界表露心迹，为其三个月以来的所作所为辩护。尽管蔡英文发挥了她一贯的演说才能，用"解决问题""改革""台湾经济发展新模式"等正面词汇对民进党执政三个月来的乱象文过饰非，然而，再华丽的辞藻也不能掩饰民进党执政三月以来的危机。2016年年初挟高票数在台全面执政的民进党，在短短三个月内就开始面临民意断崖式下降的考验，陷入"其兴也勃也，其亡也忽也"的历史周期律。

　　台湾地区是选举社会，执政党的上下与分合是选举社会的必然规律所在。国民党因失去民众信赖与支持而失去执政权，民进党亦会因同样的原因失去执政权。2008年二度"政党轮替"已经表明民进党也不会是台湾地区永远的执政党。任何一个执政党当然都希望能够尽可能长地延续执政时间，巩固执政地位，顺应民众期盼、回应民众诉求因而成为执政党维持执政地位的关键所在。回想2014年以来，民进党裹挟着台湾地区的民粹化民意，在"太阳花学运"、"九合一"选举、"反课纲"运动中一度气势如虹，在2016年年初逆袭国民党成功，并"史无前例"地获得台湾地区立法机构过半数席位，在台湾地区立法机构、领导人和地方三个层次全面执政，其形势可谓"其兴也勃也"。未曾想，仅仅三个月后，民进党的民众支持率就已经惨跌。"眼看他起朱楼，眼看他宴宾客，眼看他楼塌了"，民进党"其亡也忽也"来得如此之快，也着实跌破了岛内外观察人士的眼镜。

　　民进党在执政不过三个月时就遭遇滑铁卢的原因，根本在于蔡英文和民进党没有真正地顾及台湾民意，而是以一党之私利，企图去代表、去操纵民意，甚至不惜挑动岛内已经极不正常的民粹化民意，从而引发岛内民意的大反弹。民众对于国民党的失望，在于国民党未能解决台湾民众所期盼的经济复兴、社会安定。民进党没有意识到台湾民众的此种诉求和真心期盼，从其执政三个月来的所作所为来看，似乎并未认识到台湾民意所表达的失望与不满，所念兹在兹者，是如何绞杀国民党，如何营造所谓"转型正义"，如何为"民意台独"营造舆论氛围。从蔡英文的讲话全文来看，她自己也意识到并没有太多拿得出手的政绩，要么是在理念层次进行"空对空"的论述，要么是用"未来""希望"的将来时语气"画饼"。蔡英文用"解决问题"给自己三个月的执政历程定下基调，但不管是从其所言还是从其所行来听来看，都感觉她似乎并不想解决问题，或者根本没有解决问题的能力。

台湾的民意是什么？台湾的问题在哪里？蔡英文和民进党心里是十分清楚的。思稳定、思安定、思发展，是台湾的主流民意，这是无可置疑的。除了极少数"台独"分子外，大多数台湾民众是不愿意被绑在民进党的"台独"战车之上的。"小确幸"尽管被带到了"台独"的阴沟里，但"小确幸"能够在台湾地区盛行一时，恰恰也体现了台湾民众厌恶岛内的政治乱象，渴望回归生活本质的心理。这种心理在祛除掉"台独"因素后，与思稳定、思安定和思发展的台湾主流民意是相一致的。而这恰恰是民进党给不了或者不愿给台湾民众的。街头运动起家的民进党，在经历了一轮执政周期后，最擅长的还是挑起矛盾、挑拨民粹那一套。即便二度执政，民进党也很难称得上是一个现代意义的政党，更无法摆脱执政的"历史周期律"。

岛内无人不清楚台湾的稳定、安定、发展系于两岸关系。两岸关系对于大陆而言，可能只是众多议题中的一个，甚至只是"很重要"而不是"最重要"的那一个，而对于台湾而言，却是生存与发展的根本。没有稳定的两岸关系，台湾的发展在本质上是一种偶然，外力的介入会随时打破这种偶然。这样浅显的道理，蔡英文和民进党却不愿意积极回应。从竞选到执政，蔡英文不仅没有承认"九二共识"，而且在一系列岛内外重大问题上，表现出与"九二共识"渐行渐远的态度。"5·20"那张"未完成的答卷"，已经开始成为"不合格的答卷"。全台湾的生存与发展之本，正在因蔡英文而透支，也正在为蔡英文承受着空前的风险。

作为岛内多数民众选择的领导人和执政团队，蔡英文和民进党理应承担起岛内民意的希望和托付，回应台湾主流民意的诉求，回归两岸关系和平发展的正轨。若能如此，民进党不仅能够为台湾的生存和发展保留机会，而且也能实现自身从民粹化、街头式政党，向真正意义的现代执政党的转变。如果继续按照过去三个月的执政轨迹走下去，真到了"忽喇喇似大厦倾"之时，恐怕彼时的民进党也只能是"昏惨惨似灯将尽"，回天乏术矣！

发表时间：2016 年 8 月 23 日

原文链接：http：//www.chbcnet.com/zjps/content/2016 - 08/23/content _ 1251648.htm

"友陆"是国民党最后的生存之道

国民党即将召开全代会通过新的《政策纲领》，在新出炉的《政策纲领草案》中，两岸政策部分受到岛内外舆论的高度关注。两岸和平协议据传将作为政策主张首次写入国民党的《政策纲领》。已经跌落到谷底的国民党想要触底反弹，必须拿出一些能够表征自身存在且掷地有声的政治主张，包含两岸和平协议的《政策纲领》无疑是先声。对于今日之国民党，"友陆政策"是国民党必须抓住的救命稻草，也是国民党最后的生存之道。

国民党在 2014 年"太阳花学运"后可谓是穷途末路。从"九合一"选举的雪崩式溃败，再到 2016 年年初台湾地区领导人选举和立法机构选举的断崖式衰败，及至蔡英文执政后在"转型正义"大旗下对国民党的清剿，这个"百年老店"已如朽木一般。党外，国民党首次在岛内同时失去了领导人、立法机构和地方县市三个层次的优势，就连马英九留下的泛蓝司法班底也接近司法轮替的边缘；党内，靠洪秀柱一个弱女子苦撑危局，一众男性不仅袖手旁观，更不乏釜底抽薪的动作。更为重要的是，国民党似乎没有了魂魄，政策取向游移不定，党团关系捉摸不透，政治运作踯躅不前，畏首畏尾，瞻前顾后，已经失去了与民进党再战的勇气和愿望。

如果说蔡英文百日执政的劣迹，表明民进党还没有摆脱"街头党"的出身，没有学会如何当执政党，那么二度失掉执政权的国民党在这百日的表现，也表明它没有摆脱"老爷党"的习性，没有学会如何当在野党。面对民进党的咄咄气势，国民党不仅不能争，不愿争，甚至是不敢争。对于明显是扼杀国民党的"追缴党产"一举，国民党连反抗的实质性动作都没有，最后喊出"护宪不护产"的口号来自欺欺人。在野的国民党似乎包袱比执政的民进党还要重，言行举止更加谨慎，明明已经破落到底谷，却要装出一副"不仅当年阔过，今天依然很阔"的模样。民进党用"政治正确"裹住了国民党，国民党则是用"政治正确"裹住了自己。

可惜的是，国民党内的部分新生代、中生代乃至资深党员，"在党不言党"甚至"在党害党"，从政策主张到组织形态，再到党的名称等外在符号，都力图"去国民党化"，意图将国民党打造成为"蓝色民进党"或"浅绿国民党"，认为这样才能有机会与民进党一争高下，才能唤回台湾民众的支持。然而，倘若如此，民众为何不选择民进党而要选择国民党呢？国民党如果真的将自己与民进党进一步趋同，那么对政治操弄更加谙熟的民进党将彻底击垮国民党，国民党将永无翻身之日。

现代政党是民意的形成机制。每个政党生存和发展的根本，就是形成自己独特的政策主张，用这个政策主张来凝聚民意，从而争取或维护执政地位。政策主张的独特性及其与民众意志的符合性，是政党能够存在于政治空间的前提与基础。仔细想一想，国民党和民进党的政策主张有什么不同？似乎在经济议题、民生议题、环保议题、能源议题、人权议题、少数族裔议题上，都没有太大的区隔，甚至表现出较强的趋同性。原因在于这些议题是具有普遍意义的议题，已经存在不可动摇的政策模式，国民党和民进党无论谁执政，也玩不出花样来，也不可能过多偏离既定的基本模式。关于政权机构、权力分配等议题，国民党和民进党都有自己的小算盘，民众对这些权力游戏要么因遥远的距离感敬而远之，要么根本不屑一顾。唯独两岸政策成为国民党和民进党区别开来的关键所在，也是两党各自的标签符号所在。坚持以"九二共识"为基础、以"友陆"为主轴的两岸政策，是国民党有别于民进党的标签，也是国民党能够坚持自我的底线所在。

民进党执政的"最后一里路"是"九二共识"，靠着国民党的衰微，民进党侥幸走过了这一里。今日执政的民进党维系执政权的"最后一里路"，也是"九二共识"。蔡英文和民进党似乎搞错了因果关系，将国民党的失败归因为自己的成功，而没有看到自己的成功乃是因为国民党的失败。因此，蔡英文和民进党执政以来，顽固坚持"台独党纲"，无视大陆一再释放的善意与警示，与两岸关系和平发展渐行渐远。"九二共识"是台湾地区生存和发展的基础，两岸关系和平发展符合台湾民众思稳定、求安定的普遍心理，与大陆发展良性互动关系有利于台湾地区经济社会的全面发展，也有利于两岸民众的热络交往。尽管操弄民粹，引导舆论的手法国民党远不如民进党，但如果国民党能够紧紧把握"友陆政策"这个主轴，仍能从根本上把握台湾的民心所向。

对于国民党而言，"友陆政策"是一根救命稻草，是让国民党成其为国民党的最后标签。国民党本次全代会，在两岸政策上又将走出一个关键性步骤，表明国民党内部对此亦有清醒认识。在执政权被轮替，党产被收缴，舆论不利，党心涣散之时，国民党应当拿出当年同盟会诸君子"历艰难险巇""坚毅不扰"之精神，在岛内继续坚持"九二共识"，坚持致力于两岸关系和平发展，未来涅槃重生亦有可期。

发表时间：2016 年 8 月 26 日

原文链接：http：//www.chbcnet.com/zjps/content/2016 – 08/26/content _ 1252316.htm

蔡英文执政初体验与两岸
民意危机之破局

时至今（2016）年8月，蔡英文已经执政三月有余。当惯了在野党的民进党似乎还没有找到执政党的感觉，蔡英文在内交外困之下面临着空前的执政压力，蔡英文的执政初体验不佳。而在一贯的蔡式模糊和一系列"台独"操作之下，两岸民意也在各类危机事件和舆论动力的催动下，产生着微妙的变化。至少从目前来看，两岸在"后2016"并没有找到合适的共存共荣之道，两岸如何化解心结，开启和平发展第二季，仍有待"洪荒之力"！

打造"台独"升级版："民意台独"

如果说"街头运动"是民进党执政的路径依赖，那么"台独"就是民进党执政的神主牌。"台独"是民进党攫取政治资源的关键，也是筛选民进党政客们的过滤器。能够从民进党之中上位成功的政客，都以"台独"为终极目的，蔡英文也不例外。作为民进党内的顶尖政客，蔡英文的另一种定性方法也可以是"台独"群体的顶尖政客。从竞选之时到上任以来，蔡英文以她特有的"蔡式模糊"规避着"九二共识"，却以十分明晰的态度在各个层面推进"台独"。上任刚才三月，以"民意台独"为主轴、"历史台独"为根基的"蔡式台独"体系就已经浮现水面。蔡英文将"台独"打出了组合拳，而且用形形色色的办法，打造着"台独"的升级版。

"民意台独"是蔡英文推进"台独"的主轴。陈水扁时代不断抛出的"法理台独"和"文化台独"，在台湾营造了"台独"的氛围，产生了"太阳花"一代台湾青年，并萌生了在两岸间阴霾不散的"台独"民粹。蔡英文则意图将这种"台独"氛围向着"台独"事实进一步推进。"民意"成为蔡英文鼓噪"台独"的主要推动器。在就职演说中，蔡英文将"台湾民主原则及普遍民意"作为民进党当局发展两岸关系之政治基础的元素。在接受《华盛顿邮报》采访时，更是直接点出了"民意台独"的推进策略。如果说"法理台独"是"台独"在法理层面的宣言和确认，"文化台独"是为"民意台独"聚拢民意基础的关键，那么，"民意台独"已经被蔡英文当作实现"法理台独"的程序性步骤。蔡英文自认为有陈水扁时期多年"法理台独"的积累，又有以"文化台独"为牵引的"社会运动"的"人气聚集"，台湾已经形成了"台独"的普遍民意，"民意台独"的社会基础已有所眉目。对于"民意台独"，蔡英文并非将之作为"说说而已"的政治口号，而是实实在在地在制度层面推进实施。由民进党控制的台湾立法机构，已经将"公民投票法"作为重点修改对象。祛除原"公民投票法"有关"双过半"的门槛限制，而改行"简单多数"的低门槛，为将来从"鸟笼"中释放"台独"议题做足制度准备。蔡英文用"民意台独"固化了既有的"台独"成果，又为进一步推动"台独"创设了制度环境。在"民意"的大旗下，"台独"开始从一种宣言式的政治言说，成为实实在在的社会运动和法理活动。

"历史台独"是蔡英文打造"台独"升级版的基础所在。蔡英文上台三月，一个似是而非的"转型正义"几乎成了她的口头禅。"转型正义"成为民进党和蔡英文排除异己的关键一招。民进党控制的立法机构在7月中下旬通过"政党及其附随组织不当取得财产处理条例"（以下简称"党产处理条例"），完成民进党立党以来近三十年的夙愿，开始对国民党党产进行清剿，也对国民党进行最后的扫荡。扒"党产"的旧账，和台湾民众的"二·二八"伤疤一样，已经成为民进党借历史话题炒作，制造"台独"话题的工具。几天后，蔡英文又上演一幕向台湾地区少数民族（即台湾地区"原住民"）道歉的戏码。在道歉文中，蔡英文臆造了一个"外来政权压迫"和"原住民族反抗"的故事，一个在台湾根本不存在的"故事"，并树起了"汉人史观"这一批判"中华意识"的标靶。蔡英文用"党产"和"原住民"两个在台湾"政治正确"的历史话题，将台湾民众反抗威权统治和殖民统治的历史，精心编织为反抗"外来政权"的故事。"历史台独"其一加重了国民党的"原罪"，成为国民党无法承受之重，其二也试图解构台湾民众与中国大陆的历史性联系，一个虚无缥缈的"台湾史观"渐次形成。这种虚妄的"台独史观"已经在"台独"政客的操弄下，隐隐成为与"中华意识"分庭抗礼的意识形态。蔡英文们所营造的"台独"氛围不仅有着各类社会运动等呈现的现实感，而且也有着在虚构历史之下的所谓"故事感"。一个比陈水扁时期更加丰满、更显层次性的"台独"论述体系已经由蔡英文之手，在她执政的短短三个月内，就初显出了狰狞的面容！

民意还是民粹

更加令人揪心的是，在两岸民众需要空前团结，共同应对两岸在"后2016"时期面临的"台独"危机之时，两岸网络群体因为各种事端在社交网站发生冲突，两岸民意经受了空前的考验！大陆在台湾部分群体中被进一步地"污名化"，而台湾在大陆部分民众心目中的地位和形象也开始恶化。两岸民众相互之间的不信任感和恶感已经达到1987年两岸恢复接触以来的峰值。而且，两岸部分民众的这种冲突已经不再是透过两岸公权力机构或其授权的民间团体产生的间接冲突，而是在网络新媒体的作用下的直接冲突。两岸的纠葛与矛盾第一次深入至两岸民间层次，民粹化的民意弥漫在海峡上空。

如果说"太阳花学运"和"反课纲"运动之时，大陆网络群体以及绝大部分普通民众只是台湾政局的看客，至多通过互联网了解岛内政坛动态，那么2016年1月的"周子瑜事件"则是两岸民众直面互动的开始。围绕"周子瑜事件"以及同时发生的岛内政局变动，两岸部分民众特别是青年群体一改过去交流中"温情脉脉""你侬我侬"的一面，通过社交网站开展激烈甚至带有火药味的互动，"表情包大战""帝吧出征"成为两岸交往史上的新名词。及至台湾电信诈骗犯的新闻在网络空间被"刷屏"，"台湾最美丽的风景是人"的神话被打破，而颇受岛内青年群体追捧的"小确幸"生活方式也被贴上"台独"的标签。与此同时，大陆游客"赴台游"的升温，也让越来越多的大陆游客感受到台湾在基础设施建设水平和网络产业发展水平等方面"也不过如此"，对台湾的美好想象也在"深度游"后逐渐消失。台湾部分媒体对于大陆诸如"茶叶蛋"之类的无知、傲慢与自负，也引发大陆民众的普遍反感。7月发生的"大巴失火"事件，让大陆对于台湾民间的负面情绪再次高涨。大陆部分群体感觉到过去八年乃至于更长时间的"惠台"政策似乎只是大陆一厢情愿式的利好释放，台湾不仅在公权力层次渐行渐远，而且在民间层次也并不领情。由此导致的结果，大陆民间要求对台强硬的声音再起！而这次"再起"，不仅要求对台湾当局强硬，也出现了要求对台民众强硬的声音，这是既往两岸交往中未曾出现的场景。

再考察台湾岛内，部分群体的"反中民粹"已经逐渐成为岛内的政治正确。"一中"以及作为"一中"替代表述的"九二共识"在台湾已经被高度"污名化"。不仅"台独"群体"不会讲"，中间群体"不愿讲"，就连拥护两岸关系和平发展的群体都开始出现"不敢讲"的现象。"台独"意识形态裹挟着"小确幸""媚日"等价值观，对台湾部分群体特别是青年群体产生了极大的冲击，一些群体已经陷入"反中必反""无中不反"的地步。由于这部分群体在相当程度上把持着台湾地区的媒体资源，各类传统媒体和网络新媒体运用了"洗脑式"的宣传手段，导致"一中"及"九二共识"在台湾舆论场已经边缘化，出现"噤声"情势。

台湾民意的民粹化背后当然不乏政治力的操作。"台独"群体对于"一中"的抹黑，对于"台独"理论体系的建构与论证，对于统派团体及认同"九二共识"政党的无缝隙打压，能发声、愿发声、敢发声的只剩下民粹化的"台独"言论。"不沉默"的"台独"群体，代表着台湾地区"沉默的大多数"。但不可否认的是，台湾民意在统"独"问题上仍然有着整体泛绿化的趋势，而这种民意的整体泛绿化事实上也构成了台湾民意民粹化的社会基础。过去台湾民众引以为傲的经济奇迹，以及由此对大陆的经济社会优势，随着中国大陆的高速发展而丧失。在两岸经济、文化、政治等各方面的差距出现反转后，台湾民众过去对于中国大陆的优越感丧失，与大陆的距离差转变为一种彷徨感和被剥夺感，从而演化出"脱中"的情绪。由此导致的结果，要么是对统"独"、认同等问题产生冷漠，投入"小确幸"之中，要么将这种情绪宣泄至对岛内泛蓝政治势力和中国大陆，最终为"台独"势力所利用。两岸民意的直接对撞，侵蚀着两岸关系和平发展的民意基础，也让两岸关系和平发展的正当性在民粹攻讦下屡遭质疑和挑战。如果说过去两岸纠葛的主体，是两岸的公权力机构，那么现在两岸纠葛的主体，已经裹入了两岸的民众，两岸关系和平发展所面临的舆论环境和社会环境空前堪忧！

两岸"心和平"的"洪荒之力"

蔡英文执政三个月以来，"台独"氛围空前浓厚，"台独"喧嚣空前高涨。过去大陆一直秉持"台独政客"与"台湾民众"的二分法，在"后2016"时代遭遇到挑战。如何在台湾当局全面打造"台独"升级版，而两岸民意直接对撞之时，于夹缝处为两岸关系可持续性的和平发展创造新机遇，也寻求两岸在"无共识"情势下的共存之道，成为在蔡英文执政思路和执政样态已经基本清晰后，需要认真思考的问题。

曾有学者用"原力觉醒"来形容大陆对于台湾印象的反转。本文无意评价两岸部分民众在社交网站上直接对撞的孰是孰非，只是想说明：过去大陆预设的"台独政客"和"台湾民众"的二分法需要进行批判性反思。所谓"二分法"，即认为岛内主张"台独"的只是少数的政客，而绝大多数台湾民众是拥护祖国统一，或至少支持两岸关系和平发展。"二分法"事实上构成了大陆对台政策一条主轴，也是2008年甚至更早时间以来，大陆不断释放惠台政策的心理预设。然而，从"太阳花学运"到"九合一"选举再到2016年政党轮替，继而是蔡英文执政三个月以来的岛内新变局，"二分法"在事实面前遭受到严峻的挑战！应当清醒地看到，台湾的民意并不是铁板一块，其中亦有分合，支持统一和两岸关系和平发展者有之，主张维持现状者有之，鼓吹"台独"者亦不在少数，并不能一概而论。即便是在选举或者"公民投票"中所体现的民意，事实上也只是统计学意义上的"多数"，与真正的民意可能相去千里。因此，对于"二分法"应当辩证看待，而非自我麻痹式地固执坚持。

问题是，即便是清醒地认识到"二分法"需要重新解构和重构，又当如何应对当前的两岸困局呢？客观认识到两岸民意的不和谐性和台湾民意的多元性，用合适的方式重构两岸"心和平"，方是两岸当前最为重要的解套之道。在"台独"升级版咄咄逼人之时，寻找两岸民众都能接受的认同符号，夯实两岸民众对于和平发展的心理基础，推进两岸对于和平发展的价值趋同，可能是最为现实的一种选项。一条可行的路径，是借助两岸法理层面的"一中性"资源，构建两岸在宪制性规定层面的法理认同，从而在"无共识"情势下实现两岸各自政策表述的再平衡。诸多论著以及本文作者在多篇文章中，已经阐释与分析两岸各自规定所体现的"一中性"，也曾对两岸各自宪制性规定对于"一中性"的体现与维护进行过论证。又由于台湾地区宪制性规定特有的防卫机制，使得台湾地区宪制性规定和其他体现"一中性"的规定，在可见的未来难以在"国家认同"上发生根本性变化。因此，尽管台湾当局的政治立场随着岛内"政党轮替"而发生变化，但如能认识到两岸各自规定共同具备"一中性"这个特点，并能妥善运用之，两岸未必没有"先谈起来"的机会与可能。

蔡英文提出的"中华民国现行宪政体制"过去在大陆方面的话语体系中一直是被批判的对象。但深究之,"中华民国现行宪政体制"仍存在多种解释的可能空间,"九二共识"包容空间内的"一中性"亦构成其中之一种解释。因此,尽管立场殊途,但两者亦有交叠部分。在此意义上,两岸如果能够充分挖掘其中可资"一中性"倚重的部分,事实上能够在字里行间为两岸寻求一种微妙的再平衡。退一步说,尽管这种再平衡十分的微弱,但也为两岸当前的"无共识"情势保留了一份机会。

当然,走出这一步也是困难重重:在岛内,蔡英文推行"台独"升级版气势逼人,"中华民国现行宪政体制"就其政治原意而言,显然不是为了和"九二共识"搞再平衡;在大陆,"九二共识"已经成为退无可退的底线,如何在坚持底线思维的前提下,保持足够的政治定力,采取合适的策略去推进这种再平衡,难度显非一般;在两岸间,两岸民意的直接对撞,让"非黑即白"的极端思维占据舆论主导,而此种需要建设性模糊的再平衡,是否能够获得足够的民意认同?总之,两岸在"后2016"的艰难道路可能才刚刚开始,如何在绝望中寻找希望,是两岸的当务之急。这既需要高超的政治智慧和法律智慧,在相当程度上也需要高超的政治勇气,打破两岸业已形成的坚冰,重塑两岸心和平,再造两岸关系和平发展新常态。

发表时间:2016 年 10 月 25 日

原文链接:载《中国评论》2016 年 9 月号,http://www.crntt.com/doc/1044/4/1/6/104441618 _2. html? coluid = 63&kindid = 0&docid = 10444 1618&mdate = 1025165804

从"冷和平"走向"全面对抗"？
蔡英文两岸政策新走向及应对

2016 年台湾地区再度政党轮替后，两岸关系结束"柳暗花明"的和平发展时期，转而趋冷，不仅在早前就已经为人们所遇见，而且也为蔡英文执政以来的事实所证明。但是，两岸关系会"冷"到何种程度，是止步于"冷和平"，还是"冷"到"无极限"，却仍是一个有待观察的问题。近期蔡英文在公开场合轮番发表针对两岸关系，特别是两岸政治定位的讲话，引发两岸各界对于蔡英文两岸政策新走向的猜测与思考。

"比冷更冷"：走向"全面对抗"的蔡英文

执政满百日的蔡英文，在经历了民意的"死亡交叉"后，不仅没有反思上台以来的执政策略和执政效果，反而祭出了街头运动时期民进党通过制造新矛盾解决旧矛盾的老套路，全然不顾已经身处执政党的角色与身份，掀起两岸关系的又一轮风波。通过 9 月 29 日给民进党全体党员的公开信、10 月 5 日接受《华尔街日报》采访、再到 10 月 10 日"双十讲话"，蔡英文连放三招，提出"全力对待""正视存在""摆脱依赖"三项新两岸政策主张，将两岸关系拖入比"冷和平"更冷的"全面对抗"境地。

蔡英文在给民进党党员的公开信中，首提"力抗中国压力"，释出了"全力对抗"的政策话语。中国大陆对于台湾的种种政策，在蔡英文的解读之下，都成了对于台湾的"压力"：对台湾释放利好的惠台政策，是对于台湾民众的笼络，是"没安好心""深谋远虑"的"统战"；对于"台独"分裂势力的谴责，被曲解为对台湾全体民众的压制；而由于两岸出于种种原因产生的摩擦和误解，也被刻意解读为中国大陆对于台湾的全面打压。蔡英文的这种手法，对于两岸而言并不鲜见，它事实上是民进党长期以来制造"悲情天"的延续。过去的台湾闽南、客家、少数民族等族群被民进党刻意制造为被"外省人"打压的族群，臆造了台湾"本省人"的"悲情天"。

今天的台湾民众也被民进党描绘为被中国大陆打压的群体，臆造了台湾的"悲情天"。特别是当台湾民众对于中国大陆的经济、社会、文化优势不再之后，过去台湾对于中国大陆的优越心理，在"悲情天"的催动下，成为一股排斥中国大陆的"自负心理"。在这"悲情天"中，民进党创造的"政治反抗文化"又被作为台湾民众的"光荣传统"被翻出，成为鼓吹与中国大陆渐行渐远的说辞。

完成了"全力对抗"论述的蔡英文，释出了她的真实意图，即要求中国大陆"正视"台湾的政治存在。对于"台湾的政治存在"，蔡英文使用了障眼法：其一，在《华尔街日报》上标榜"台湾是一个主权独立的国家"；其二，在"双十讲话"中要求中国大陆"正视中华民国存在的事实"。这一障眼法既言明了台湾的"国家性"，又将"中华民国"与"台湾"等同起来，用"中华民国"的外壳包容"台湾"，宣扬民进党多年主张的"'中华民国'就是台湾"和"'中华民国'是台湾在'宪法'上'国号'"等"独台"主张。

但是，蔡英文也能清晰地认识到，不仅"正视"台湾政治存在的要求注定不会得到中国大陆的积极回应，而且台湾事实上已经与中国大陆产生了密切而复杂的联系，不仅在历史、道义和文化上构成命运共同体，而且在经济、产业上也构成了利益共同体。于是乎，摆脱对于大陆的利益依赖，架空两岸交往的经济基础，成为蔡英文两岸政策的主轴。在近期的三份讲话中，蔡英文对于台湾的经济自主、南向政策以及年轻族群的福利关照有着着重的描述，延续自"5·20"上台以来的主张，不仅在政治上强调台湾的"悲情天"，而且也在经济上渲染台湾的"悲情天"，走了一条没有"戒急用忍"的"戒急用忍"道路。

三招过后，国台办和外交部等部门密集发放驳斥观点，两岸在文字上的攻守态势已成。两岸在"5·20"经历了剧情的大反转，"柳暗花明""春风化雨"的两岸关系和平发展势头不在。从不承认"九二共识"发端，到岛内政治势力对中国大陆的一再攻讦，再到大陆赴台游旅客蒙难，继而是蔡英文在"双十"前后的文字攻势，两岸关系从"冷和平"跌入被构造的"全面对抗"陷阱，"比冷更冷"的两岸关系已经初露端倪。

"统一无量、'台独'无胆"的蔡氏模糊

但是，这种被蔡英文虚拟的"全力对抗"，连蔡英文自己也觉得难以自

圆其说。10 月 5 日接受《华尔街日报》采访时，蔡英文话锋一转，表明"台湾不会屈服于来自中国方面不断加大的压力"，不过保证她会避免对抗，并认为两岸应举行不预设任何条件的谈判，以消除误解。按照这一逻辑，由蔡英文自己言说的"对抗"，由她自己尽力避免，而"对抗"继续加大的"锅"则由将"九二共识"作为两岸交往之政治基础的中国大陆来背。

从"法不诛心"的角度，暂且不论蔡英文内心里的统"独"主张为何，在表现于外的行为模式上，蔡英文展露出了她作为政治人物的圆滑与心虚。一方面，蔡英文所念兹在兹的，是"作为主权独立国家的台湾"，对民进党、对海外媒体等非台湾地区公权力介入的场合，她的言论粗犷而放肆，中国与"台湾"被并列在一起，台湾一再被描述为"主权独立"的"国家"，而当台湾地区领导人事务部门（即台湾当局的"总统府"）将外媒采访之中文稿放之于公共网站，以及作为台湾地区领导人发表"双十讲话"时，又将所有的"中国"替换为"中国大陆"，将"台湾"替换为"中华民国"。一个"统一无量、'台独'无胆"的蔡英文形象跃然纸面。

从蔡英文"5·20"之后的系列言论以及台湾当局涉及两岸事务各机构负责人的言论来看，他们对于"九二共识"的情感绝不是简单的"不承认"或者"否认"词组足资概括。从蔡英文语焉不详的"尊重 1992 年两岸两会会谈的历史事实"，到海基会董事长田弘茂欲言又止的"那四个字"，蔡英文及其团队为规避"九二共识"可谓是费尽心机。在中国大陆轮番的宣示之下，蔡英文对于"九二共识"的核心意涵，"九二共识"的底线意义，"九二共识"对于两岸关系和平发展的重要性以及中国大陆坚持"九二共识"的决心，想必是十分了解的。但是，蔡英文及其团队对"九二共识"的态度依然是拒绝的。

其中，大概无外乎三者：其一，"九二共识"的核心意涵是一个中国原则，承认"九二共识"就是承认一个中国原则，但"台独"是民进党的"神主牌"，是民进党在意识形态上的最大标志性主张，承认"九二共识"就意味着去"台独化"，至少与民进党的主流意识形态不符，因而也与蔡英文和一众民进党高层的内心真实意愿未必相符；其二，岛内民意绿化现象严重，蓝绿对决的格局在 2014 年"太阳花学运"后，逐渐向浅绿与深绿博弈转变，在民粹化的民意之下，"台独"成为岛内的一种"政治正确"，主张统一或两岸关系和平发展者被迫噤声，已然失去话语权，从继续维持泛绿基本盘，与"时代力量"等新兴政党争夺民意资源的角度而言，蔡英文没有承认"九二共识"的民意必要性；其三，在国际大棋局中，无论是美日等域外大国，还是李登辉、蔡英文这样的"台独"头面人物，都明白"台独"是一个不可能的"神话"，但在蔡英文看来，"台独"主张符合域外大国"以独制台、以台制陆"的需求，是民进党和蔡英文的最大利用价值所在，也是不断换取域外大国支持和资源的法宝，所以通过不承认"九二共识"的办法，将两岸关系维持在一个紧张状态，反而有利于火中取栗，实现自身利益最大化。

蔡英文没有足够的政治意愿和政治信念去改变民进党的意识形态，亦不具有足够的政治威望和政治能力，去纠正台湾民粹化的民意，更无足够的政治魄力和政治气度从维护中华民族整体利益的高度，破除域外大国在两岸间搅局的图谋，她的选择就是不承认"九二共识"，在加深两岸对立的道路上继续走下去。如果对于蔡英文的理解仅止于此，似乎对于她两岸人格的复杂性评估不足。蔡英文也没有足够的政治勇气和政治毅力去推进"台独"。大陆对于"九二共识"所保持的战略底线和战略定力当然是让她担心的主要原因，美日等域外大国希望"以独制共"而非"以独逼共""以独乱共"的战略心理也是制约蔡英文两岸政策重要外因，台湾地区现行规定对于"一中性"的确认，也是关键因素。蔡英文所有关于"台独"的观点都是政策宣言，并无规范上的依据。说到底，只是蔡英文作为政治人物的一种政治独白。凡涉及与中国大陆处理相关关系和具体问题时，都以"中华民国宪政体制"或"两岸人民关系条例"等模糊处理之。对于接受采访时所用的"China vs Taiwan"句式，在译回为"总统府"新闻通稿时，仍以"中国大陆"对"台湾"更替之。

"统一无量、'台独'无胆"。进退维谷的蔡英文，"最优选择"只能是继续沿用她一贯的"蔡式模糊"，将两岸论述"空洞化"，试图让两岸当前的现状永远"维持"下去。

定义"台独"：大陆防止"全面对抗"陷阱的必由之路

"维持现状"是不是"台独"？在"独台"者看来是！民进党在1999年的"宪政政策白皮书"中构造了一种所谓"B型台独"，即"台湾是一个主权独立国家，宪法上的国号是中华民国"。这种有别于建立"台湾国"或"台湾共和国"的"A型台独"，已经与"维持现状"画上了等号。与之相应地另一个极端，是部分岛内泛蓝人士以及大陆人士，在心理上将"维持现状"与"统一"契合在一起。特别是 2008 年后两岸关系和平发展情势，让两岸间敌意降低、合作升温。"三通直航"，陆客赴台旅游、就学、投资、两岸公权力机构有限度地合作、台湾地区以合适名义参与国际活动，等等，这些和平发展的"大好局面"容易让人产生"即便统一也不过如此"的错觉。2014 年"太阳花学运"打破了这种错觉，在两岸关系和平发展的春风中亦要保持足够的精神和警惕，不能在春风中被吹醉，也不能为短暂的和平发展局面所麻痹。"维持现状"不是统一，它的未来走向也不是统一！统一和"台独"是"非黑即白"式的选择题，没有模糊的中间状态。

那么，什么是"台独"成为一个值得考究的问题。"台独"是一个复杂的体系，既有标志性的"台独"，也有过程性的"台独"，既有作为结果的"台独"，也有作为背景的"台独"。在岛内，如果说"台独"就是台湾地区某个政治人物或某个政治组织的主张，那么台湾地区如此人物及组织已经遍地开花。如果说"台独"就是担任台湾地区领导人的核心政治人物，公开表达"台湾是主权独立国家"或类似话语，那么蔡英文在接受《华盛顿邮报》《华尔街时报》以及众多面向民进党党内的讲话中，已经多次使用这一表述。显然，作为一个标志性事件的"台独"，不能仅在这些过程性的片言只语中进行定义。至于在岛内被广泛提及的"文化台独""历史台独""学理台独"等，与其说是"台独"本身，不如说是为论证和支撑"台独"而寻找的说辞和背景。

作为标志性的"台独"，只能从法理层面进行定义。法理层面的"台独"既因法理本身的拘束性，造成一种"台独"的"法理效应"，又可以借助规范本身的宣示性，形成"台独"已经成为一种"既定事实"的"外观效果"。结合岛内"台独"实践来看，"台独"分裂势力正是走的一条以"历史台独""文化台独""学理台独"形成"台独"氛围、累积"台独"基础，以"民意台独"获取执政权和营造"台独"氛围，最终在法理层面表达"台独"的路线图。目前，蔡英文已经走到了第二步，对她而言，如何走出这"法理台独"的第三步，是其两岸政策的未来关切所在。具体到"法理台独"的具体表现形式，在可想象的范围内无外乎以下四种：（1）通过"制宪"，宣示"台湾国""台湾共和国"或"中华民国第二共和"的成立，在规范上——而非政治人物的口头上——明示台湾的"主权国家地位"；（2）通过启动现行"宪法"的增修程序，对"固有疆域"及"国号"、公权力机构及职位名称等进行"台独"式修改；（3）通过"公民投票"程序，通过明示或暗示"台独"的提案；（4）以"国家"名义，与域外势力达成重要协议，或成功参加只有主权国家才能参加的国际组织。

习近平总书记指出："两岸长期存在的政治分歧问题终归要逐步解决，总不能将这些问题一代一代传下去。"两岸的现状不可能永远维持下去，蔡英文总有推进"台独"路线图闭环的动机与图谋，两岸民众也经不起政治问题的新折腾与动荡。在风云变幻的两岸关系中，如何应对，又如何跳脱出蔡英文布下的"全面对抗"陷阱，清楚地认识到究竟什么是"台独"，并采取有针对性地策略应对之，恐怕是一条必由之路。

两岸的和平发展之路充满荆棘，两岸的统一之路同样充满曲折。岛内日益民粹化的社会生态，乱象重生的政治格局，以及危机密布的周边环境，乃至于中国大陆民众对于台湾日趋复杂的情感和心理，都提示着两岸关系未来的艰巨性。祛除枝叶，抓住问题的关键和核心，唯其如此，才能有效地以不变应万变应对之！

发表时间：2016 年 11 月 25 日

原文出处：载《中国评论》2016 年 11 月号

"台独"的推进策略和七种形式

习近平总书记在纪念孙中山诞辰 150 周年纪念大会上，提出：我们绝不允许任何人、任何组织、任何政党、在任何时候、以任何形式、把任何一块中国领土从中国分裂出去。"六个任何"再次奏响了遏制"台独"分裂势力的政治强音。在"六个任何"中，政学各界对于"任何形式"的理解仍然缺乏共识，舆论场对于"任何形式"究竟包括哪些形式，也缺乏足够的关注与讨论。一种对于"台独"的浅层次理解，是"台独"形式的结果导向，即仅仅将"台独"理解为一种政治结果。然而，必须认识到"台独"是一场政治运动，一种政治形态，也是一个政治过程。分裂势力在谋求"台独"的过程中，有着不同的推进策略和推进形式，"台独"呈现出不同的面庞。尽管"台独"的面庞狰狞可恶，但从维护国家统一的角度，廓清形形色色的"台独"形式，在当前两岸渐趋复杂多变的政治情势下，有着极端重要性和必要性。

"政治台独"："台独"的原初形态和终极目标

"政治台独"是"台独"的本来属性，也是"台独"的原初形态。20世纪 40 年代之后，对于今天的两岸关系有着现实考察意义的"台独"活动，无不以"台独"为终极政治诉求。事实上，学理上很难对"政治台独"做一个精确的定义，因为"政治台独"包罗了"台独"的万象，涉及以实现政治上"独立"所需要具备的各类内外要素和实践方式。这些内外要素和实践方式如果进行细分，可以归类进其他的"台独"形式。但是，在"台独"的理论与实践并未如今日一般系统化、精细化的早期，"政治台独"包含了种种涉及"台独"的要素和主张，是"台独"原始、粗糙的综合体。

早期的"台独"运动参与者，对"台独"的诉求比较简单和直接，大多提出"台湾独立建国"的主张，用"台独"作为政治运动的符号与标签。早期的"台独"分裂势力，在台湾没有生存空间。他们的"台独"活动大多在海外开展，以小众的民间团体为主要形态。比如廖文毅、吴振南的"台湾民主独立党"，黄昭堂、许世楷、黄文雄的"台湾青年社"，郭雨新的"台湾人多数政治促进会"等。他们的"台独"主张虽然明确提出台湾"独立建国"的政治目标，否定台湾是中国的一部分，但大多缺乏系统的理论论证，在造势方法、形成策略以及实现路径上，也没有形成系统的论述。这些言论关于"台独"更多是一种片言只语式的，政论宣示意义强于实际操作意义。然而，不能由此认为早期"台独"组织的主张没有现实意义，这些"台独"主张在政治层面宣示了"台独"的命题，为"台独"分裂势力储备了人员队伍和理论基础，其负面影响一直延宕至今。

随着"台独"活动的深入，"台独"主张与操作手法日趋精细化，"政治台独"这个"台独"主张大杂烩也被拆解。然而，"政治台独"的危害性仍存：其一，它是所有"台独"形式的源头，其他"台独"形式最终都要归结到"政治台独"这个总根源上来；其二，它是其他"台独"形式的终极目标，其他"台独"形式与"政治台独"构成方法与目标、手段与目的的关系。防止"政治台独"，依然是遏制"台独"分裂势力的总阀门。

"文化台独"："去中国化"与"台湾符号"的建构

台湾地区解严后，台湾的"主体性意识"从阴暗角落走出，成为台湾居于主导地位的意识形态之一。"以台湾为主"的"主体性意识"，逐渐从"台湾优先""台湾第一"，发展为"台湾唯一"。李登辉、陈水扁在担任台湾地区领导人期间，推行"去中国化"的政策，台湾与中国大陆的文化联结被刻意模糊、弱化甚至切断，"文化台独"成为型构具有"独立"意涵的"台湾符号"的重要形式，台湾社会对中国的国家认同在"文化台独"中趋于淡化。

从李登辉起，由陈水扁力推，台湾当局在社会各领域推行"去中国化"政策，试图抹去台湾民众心中的"中国符号"，构成"文化台独"的主要推进方式。受"去中国化"影响最大的是在教育领域。一系列与中国、中华有关的课程、教材、专业纷纷改名。中国文学、中国历史被归类为"外国文学"、"外国历史"，中国知名历史人物都被归类为"外国名人"，甚至一度传出被尊奉为"国父"的孙中山也系"外国人"的笑话。与此相应的，是以台湾为研究对象的一些专业被冠以"台湾"的符号登堂入室，而且与相应的"中国"专业并列。除教育领域外，一些被冠以"中国"或"中华"符号的知名社会机构和企业，在"去中国化"浪潮中被纷纷改冠以"台湾"符号。

"文化台独"造成"中国"符号在台湾地区的式微，而"台湾"符号兴起。中国文化、中国历史、中华意识在"去中国化"中被解构。借助"台湾主体性"的建构与传播，原来属于台湾本乡本土的地方意识和地方文化，被强硬地添附上"国家"的意涵。"文化台独"造成了"台独"意识形态在台湾社会的流行，对于台湾社会对中国的心理认同、情感联结都造成巨大损害。特别是涉世未深的台湾青年群体，在"文化台独"的浸染下，扭曲了对于中国和中华民族的认同，成为"台独"的急先锋和主力军。2014 年以大学生为主体的"太阳花学运"和 2015 年以高中生为主体的"反课纲"运动，都是"文化台独"所造成的恶果。如果说陈水扁执政八年，造就了今天"太阳花"和"反课纲"的一代台湾青年，那么民进党重新执政的四年甚至更长时间，"文化台独"对台湾青年群体的负面影响可能会更加恶劣，直接危害到两岸关系和平发展的长远未来。

"历史台独"：撼动两岸历史联结的底基

如果说"文化台独"是为了消解"中国"符号，那么"历史台独"就是为了彻底的祛除两岸历史联结的底基。"历史台独"对于台湾历史进行重新编排，特别是歪曲甚至臆造了台湾反抗外来殖民统治的历史，将台湾民众的抗争史重构了反抗"外来政权"的历史，试图改变"台湾自古以来是中国一部分"的历史事实。

"历史台独"的主张者们，将台湾的历史进行了重新地编排。台湾历史上发生的若干历史事件，也被重新阐释为"台湾主体性"的体现与产物。众所周知，台湾在历史上曾经为西班牙荷兰殖民者、日本殖民者先后占领。这本是外国殖民者对中国进行殖民和侵略历史一部分，台湾人民对于这些外国殖民者的反抗，也构成中华民族争取民族独立历史的一部分。但是，在"历史台独"的编排下，这些本应是中华民族抗争史的部分，成为反抗"外来政权"的历史。不仅如此，曾经统治过台湾的郑氏家族、清王朝和国民党当局，因来自于祖国大陆，被描述为与外国殖民者相同的"外来政权"，反抗这些政权的"林爽文事件""二·二八事件"等民众抗争运动，也被描述为反抗"外来政权"的运动。台湾民众反抗外国殖民者的民族反抗文化和反抗国民党威权统治的民主反抗文化，也被解释为针对"外来政权"的"政治反抗文化"。

在"中国意识"被贬抑的同时，外来殖民者、侵略者反而以"台湾多元文化"为名被抬升和提高。李登辉公然宣称"没有台湾抗日的事实""台湾人其实是为日本'祖国'而战""二战时期台湾和日本是'同一个国家'"，蔡英文向台湾籍日本士兵致敬，这些都一再击穿历史良知的底线，也进一步虚化了台湾与中国大陆的历史联结。台湾的"中国意识"植根于两岸自古以来的历史联结中，台湾与中国大陆的历史亲缘是维护国家统一的历史底基所在。"历史台独"已经触及这一底基，让两岸复归统一的历史正当性不断流失。

"民族台独"：臆造"台独"的族群基础

两岸人民同属一个中华民族，是两岸关系和平发展和祖国复归统一的民族基础，对于中华民族的认同，是两岸同胞心灵契合的认同基础之一。中国历史和现实中有关中华民族"多元一体"的学说，也构成大陆与台湾同属一个国家的民族学解释。然而，台湾地区一部分群体以"族群"为名，提出"台湾国族认同"的理论，并以之推进台湾地区在族群、语言等领域的政策制定和制度建构活动，试图臆造"台独"的族群基础。

台湾地区有所谓"四大族群"之说，即闽南（或称"福佬"）、客家、"原住民"（即台湾地区少数民族）和外省人。"四大族群"中的闽南、客家和"原住民"被称为"本省人"，以与"外省人"相对。由于1949年后，国民党当局退台时带入的外省族群，占据着台湾地区的高阶职位，而闽南、客家和"原住民"等族群则长期受困于低阶职位，有些族群如客家和"原住民"的身份、语言、习惯等亦被压制，因而在台湾地区长期郁积的社会矛盾以族群矛盾的形式体现出来，积累成"民族台独"在台湾地区得以产生、演化和发展的社会根源。在闽南、客家和"原住民"相应的族群运动的推动下，台湾当局已经围绕各族群地位、语言等开展了立法工作。"原住民族基本法""客家基本法"以及拟议中的"语言平等法制"等，事实上已经确认了"四大族群"的分类。

在民族学意义上，"四大族群"的划分并不科学，至多是根据各自所使用的方言所做的划分。"四大族群"实际上已经是成为在台湾地区解构"中华民族"、论证"台湾国族认同"的概念。"民族独立"放大了"四大族群"的差异，为外省族群贴上"外来政权"的标签，刻意区分"台湾人"和"中国人"，将"原住民"塑造成台湾原初的主人，意图切断台湾与祖国大陆的民族联结。这一切都是为臆造一个"台湾国族"，套用产生于欧洲特定历史条件下的"民族国家"理论，用"台湾国族建立台湾国"的逻辑为"台独"张本。

"经济台独"：意图走向"自立"的"台独"形式

"经济台独"是两岸经贸交往发展到一定程度的产物。在两岸隔绝时期，经贸交往停滞，两岸在各自的体系内发展经济，因而不可能产生"经济台独"这一"台独"形式。1987年两岸恢复接触后，台湾地区对大陆投资日益增多，大陆在人力成本、市场前景、政策优惠和发展空间上的优势，引发了台湾的产业转移。特别是进入21世纪以来，中国大陆和台湾的经济实力对比出现"反转"，中国大陆在经济规模、消费能力和发展速度上，已经对台湾形成绝对优势，台湾对中国大陆的经济依赖日渐加深。在这一情势下，"台独"的经济基础逐渐丧失，一些主张"台独"的势力和人物开始提出"经济台独"的思想，意图摆脱台湾经济对于中国大陆的依赖，重塑"台独"的经济基础。

无论是李登辉执政时期提出的"戒急用忍"政策，还是陈水扁念兹在兹的"南向政策"，以及蔡英文提出的"新南向政策"，都是希望将台湾经济从对于大陆的依赖中解脱出来，为台湾经济寻找新的出路和着力点。正是因为对台湾经济"大陆依赖症"的恐惧，台湾地区部分群体对于两岸所签署一系列事务性协议和经济合作也怀有深深的偏见。两岸在商签ECFA、投保协议以及服务贸易协议，以及商谈"陆资入岛"时，都遭遇各种非经济因素的影响。一些大陆释放的惠台政策，也被贴上"邀买人心""统战"的标签。以反对服贸协议为主要目的的"太阳花运动"，在某种意义上也是"台独"分裂势力推行"经济台独"的产物。

两岸经济互补性强，在经济上本来可以形成更加紧密的合作关系。"经济台独"意在阻遏这种合作关系，避免台湾对于大陆的过度依赖，让台湾经济能够"自立"。然而，各项"经济台独"的政策都未获得如"台独"

分裂势力所预想的效果,"戒急用忍""南向政策"都遭遇失败,而蔡英文的"新南向政策"也是困难重重、频临失败。随着中国大陆经济地位的进一步提升,台湾之于中国大陆的经济意义愈发下降,台湾所获得的可能不是"自立",而是未来经济发展的机会!从两岸经贸交往的热度来看,"经济台独"可能只是"台独"分裂势力的呓语,但对于台湾自身经济的戕害无疑是严重的。更为严重的是,"经济台独"同样臆造了本不存在的两岸经济对立,削弱了两岸互信,为两岸经济涂抹上一层本不该有的政治暗色。

"民意台独":"挟民粹以台独"的政治操弄

台湾地区采取西方式的政治制度,配置有选举、公民投票等西方政治制度的民意形成机制。民意对于台湾地区政治人物的政治取向、台湾当局和各政党的政策制定都有着重要意义。由于"文化台独""历史台独""民族台独"以及"经济台独"等一系列"台独"形式的影响,台湾社会的确出现一股民粹化的"台独民意"。对于这股"台独民意","台独"分裂势力进行了夸大、渲染和误导,使之在台湾地区舆论场中被放大为台湾的"主流民意",从而成为鼓吹"台独"主张时所依凭的所谓"民意基础"。

裹挟民意、自恃民意、利用民意,是蔡英文当选为台湾地区领导人后的常用策略。在蔡英文的两岸论述中,"民意"占据着突出的位置。无论是对于发展两岸关系,还是台湾地区现行规定中的两岸定位,还是两岸协议的监督与审议,蔡英文都使用了"普遍民意"的表述,也都表明自己将按照台湾"普遍民意"进行政策决断。蔡英文已经将民意作为不承认"九二共识"、消极应对两岸关系和平发展的借口。然而,有一点必须厘清:蔡英文和民进党所谓的"民意",未见得是台湾的"真民意"。蔡英文的"民意"是经过选择的"台独民意"。"台独""反中"在台湾民粹化的舆论氛围下,越来越演变为岛内的一种"政治正确",能发声的大多是在"台独"民粹化操作下的声音,台湾民众求稳、思安定的心理,对于两岸关系和平发展的期盼,以及对于岛内政治经济乱象的担忧,被民粹化的"政治正确"淹没,成了"沉默的多数",或者被扣上"不爱台湾""亲中卖台"的帽子,被"过滤"出"民意"行列。控制了立法机构的民进党,已经开始策动对"公民投票法"进行修改,将作为"台独"防水闸的"双过半"门槛改为"简单多数"。如果这一修法活动成功,就意味少部分"台独"群体的意志就可以在法理上代表台湾的整体意志，从而为完成"民意台独"提供制度化路径。

"民意台独"用表面上看起来"政治最正确"的民意对抗"九二共识"，为"台独"提供所谓的"民意正当性"。一旦民粹化的"台独民意"在政治操弄之下被煽动起来，"台独"则很有可能从文化的、历史的、民族的、经济的这些"隐形台独"形式，借助"公民投票"等制度化路径和"社会运动"等非制度化路径，走入具有实质性意义的步骤，对于两岸关系的影响无疑是灾难性的！

"法理台独"："台独"的实现路径和宣示方法

"台独"的标志是什么？文化的、历史的、民族的、经济的以及民意的"台独"，都只是"台独"在变化过程中的"阶段性状态"，"台独"在具体实现形式上。是制定所谓"台湾国宪法"或"中华民国第二共和宪法"，按"两国论"修改台湾地区现行"宪法"或废止当前台湾地区现行"宪法"对两岸关系的定位，通过含有"台独"内容的"公民投票"提案，参加只能有主权国家参加的国际组织，直接以"台湾"名义与主权国家特别是有影响力的大国签署"条约"或重要协定，等等。而这些都是具有法律意义的程序和过程，都是在法理上实现"台独"的路径。可以说，"法理台独"为"台独"提供了实现路径，是"台独"的宣示方法，也是"台独"的标志。

上述各"台独"形式，都是为支撑和实现"法理台独"所做的铺垫。"政治台独"确定"法理台独"的基本形态和终极目标，"文化台独""历史台独""民族台独""经济台独"为"法理台独"营造氛围、提供说辞以及积淀"民意"，"民意台独"则是实现"法理台独"的程序性步骤。"台独"分裂势力所构想的"台独"，是由"法理台独"来完成最后一击。"法理台独"是最为危险的"台独"形式，也是具有结果意义的"台独"形式。

面对形形色色的"台独"形式，无论"台独"的面庞如何变化，从维护国家统一出发，坚持"九二共识"的政治底线，保持继续推进两岸关系和平发展不动摇的战略定力，保持两岸文化融合和经济交往的热度，强化两岸共同记忆，增强中华民族意识在两岸的认同度，同时将寄希望于台湾人民的方针落到实处，推进两岸民众特别是青年群体的心灵契合，"台独"的阴影或许会飘荡在台湾海峡的上空，但永远不会真正成为两岸民众的主流，"台独"的面庞虽然善变，但仍能够被封印在两岸关系和平发展的大局之中，任何形式的"台独"都不可能真正获得实现，两岸永久和平和永续发展仍有可期。

发表时间：2016 年 12 月 25 日

原文出处：载《中国评论》2016 年 12 月号

两岸法制的进与退

朱立伦"宪政僵局"论剑指何方？

"九合一"选举，国民党惨败，连累地方执政板块大幅缩水，也带动党内夺位纷争又起。国民党内的"人气王"朱立伦于12月12日发表声明，宣布放弃2016年台湾地区领导人选举，而直攻国民党主席大位。朱立伦的声明，毋宁是对国民党自2005年来政经政策及大陆政策的总检讨。在这份声明中，"宪政僵局"一词成为一大关键词。考虑到朱立伦在国民党内的特殊地位（唯一的"直辖市"市长）与可见前景，朱立伦的"宪政僵局"一说，是研判国民党未来之走向，乃至于未来台湾地区政经走向的重要观察点。

"宪政僵局"之对象，显而易见是马英九长达六年的"遵宪行宪"之路。台湾地区在1990年至2005年，曾连续七次发动"宪政改革"，将制定于中国大陆的1946年"宪法"改造为适用于台湾的"宪法"，"政府体制"、选举制度、地方制度、基本政策等均被大幅度修改。而至2005年后，台湾地区现行"宪法"至今未有任何修改。除去2005年第七次"宪政改革"时为再次"修宪"设定了超高门槛外，2008年后马英九对"修宪"的兴趣索然，也是重要原因之一。2008年5月20日，意气风发的马英九在他的第一个就职演说中，明确表态："遵宪与行宪比修宪更重要"。须知，当时国民党手握台湾地区立法机构113席中的81席，超过"修宪"所需的四分之三门槛，完全能够以一党之力独立发起"修宪"。2009年2月22日，身兼台湾地区"宪法学会"常务理事的马英九，又在台湾地区"宪法学会"年会上发表讲话，再次重申"现阶段遵宪、行宪应重于修宪"。虽然马英九也曾提出在2010年后启动"宪改小组"运作，但由于岛内外各类事务的影响，"宪改"议题从未成为马当局的政策主轴。

在位的马英九一再强调"遵宪行宪"的重要性，而谋求上位的朱立伦则以"宪改"为旗帜，围绕着"宪改"议题，国民党党内政争再次隐然浮现。在马当局时期，即便是民进党也未曾明确提出"宪政僵局"这个词，朱立伦显然是让"宪政僵局"李代桃僵，把马英九施政之困和施政之怠，用"宪政僵局"做了个总结。朱立伦弃选2016，实际上已经暗含着2016国民党再次下野、台湾地区三度"政党轮替"的预估在内。如是，当选为党主席的朱立伦必须带领在野的国民党对抗执政的民进党。因此，"宪政僵局"的时域也被朱立伦扩大至"十多年来"。这一时域的扩大，也表明朱立伦有意通过破解"宪政僵局"，寻找在野状态下足以对抗民进党之手段。

——"让人民的力量进入体制内运作"，台湾地区人民参与政治的途径，除了"选举"外，就是"公投"。可是，虽然台湾选举如火如荼，但"公投"却从未成功。台湾民间及反对党多有"公投"声音，但如"ECFA公投""服贸公投"等均未实施。体制内的办法不能奏效，于是"反体制"的街头运动就有用武之地。朱立伦着重提出"让人民的力量进入体制内运作"，并视之为"打破宪政僵局"的不二法门，或许意味着朱立伦将更加倚重"公投"一招，又或许为2016年国民党再次下野后制约绿营埋下伏笔。

——"以内阁制取代现行的双首长制"，这是一个相当专业的表述。台湾当局实行类似于法国的"双首长制"，即台湾地区领导人和行政机构负责人同为行政首长，但与法国之"双首长制"不同的是，台湾地区行政机构负责人之任免，无须立法机构同意，则台湾地区领导人可以依个人好恶任命行政机构负责人。行政机构负责人之施政正当性因此并不来自于民意，而来自于领导人。由此，行政机构负责人实际上成为领导人之幕僚长和责任替身。执政团队有功，则功归台湾地区领导人，执政团队有过，则过归行政机构负责人。2009年"八八水灾"后的刘兆玄、本次"九合一"失利后的江宜桦，事实上都是替马担责。此种权责不对应、不统一，也是朱立伦所特别强调的。此外，由于行政机构负责人之任免，无须立法机构同意，则可能造成行政与立法分野之状况，行政效能必然受立法机构牵制。在台湾地区领导人与立法机构多数党不为同一政党时是如此，如陈水扁执政八年间；在台湾地区领导人与立法机构多数党为同一政党时，如领导人党权不彰，也是如此，如马英九执政期间。朱立伦推出"内阁制"这一立法机构多数党组织行政机构的政治体制，一是"替民做主"，呼吁摒弃台湾社会诟病之"双首长制"；二是用"双首长制"之弊暗讽马英九"有权无责"；三也是为日后国民党在占据立法机构多数的情况下，至少能保证一席行政机构负责人而做准备。

——降低投票年龄到18岁。台湾地区"选举法"规定，年满20周岁的台湾地区居民可行驶选举权。此一规定，事实上将大量在校青年学生排除在外。而青年学者恰恰为"反服贸学运"及以前台湾地区历次"学运"的主力。将投票年龄放低至 18 周岁，一则能开拓民意反馈管道，呼应"让人民的力量进入体制内运作"的主张，让青年在体制内有表达意见之渠道，避免或减少新的街头学运；二能以此回应，向台湾公民运动的参与者表明与马切割的态度；三也是取悦青年选民，改善国民党选民结构偏老的结构，为日后选战做好预备。

——"降低政党门槛到 3%""推动不在籍投票""检讨单一选区两票制"。此三项选举制度之改革，则是朱立伦"和各方稀泥"的体现。"降低政党门槛到 3%"，至少让一众小党有了在立法机构中分得一席的机会，不至于完全沦为蓝绿对决的看客，同时也回应了民进党的类似主张。"推动不在籍"投票，则取悦了对台湾选情有特殊影响力的台商群体。检讨单一选区两票制，更是希望借此改变蓝绿高度对立的选制基础。每一主张都非无的放矢，朱立伦在此用心可见一斑。

值得注意的是，朱立伦破解"宪政僵局"的主张中，有一些亦为民进党近年来有关"宪改"之观点。如实行"内阁制"、降低投票年龄、降低政党门槛等。这似乎也表明了朱立伦在"宪改"问题上，走上了"不是民进党的民进党路线"。如果朱立伦成功当选国民党主席，则蓝绿两大政党在"宪改"议题上达成共识可能性加大，台湾地区的第八次"宪政改革"亦有可期。如第八次"宪改"成功，岛内政局将更加复杂，决策中心将出现多元格局，这至少为两岸关系和平发展增加了若干变数。

不过，朱立伦对"宪政僵局"的破局，至少有一项与民进党是不同的，那就是没有试图通过"宪改"，更改台湾的"国家认同"。两岸具有根本法性质的规定，对于一个中国框架的规定与认同，已经成为两岸关系和平发展最可倚重的法律资源。中共十八届四中全会史无前例地提出"运用法律手段捍卫一个中国原则、反对'台独'，增进维护一个中国框架的共同认知"。在台湾政局即将发生风云大变之时，只要紧紧抓住两岸各自规定对于一个中国框架的认同，并善于运用这一法律资源，两岸关系和平发展即便偶有波折，也是"大江东流挡不住"！

发表时间：2014 年 12 月 13 日

原文链接：http://www.chbcnet.com/pl/content/2014 – 12/13/content_1015977.htm

"九二共识"核心意涵的法理型构——再论两岸法律的"一中性"

2016 年全国"两会"期间，习近平总书记对台发表重要讲话，在两岸关系可能遭遇重大变局的关键时期，提出"承认'九二共识'的历史事实，认同其核心意涵"的新表述，对台湾地区各政治势力特别是之争在即的民进党宣示了大陆对台政策的新动向，也进一步创新了"九二共识"的内涵与外延。更早时间，外交部部长王毅在美国访问时首提"台湾宪法"，蔡英文提出"中华民国宪政体制"，"宪法"和"宪政"再度成为牵动两岸敏感神经的主题词。"台湾宪法""中华民国宪政体制""九二共识"这些颇具两岸特色的词汇究竟是何关系？面向后 2016 的大陆和台湾如何围绕"九二共识"重塑新共识？接续本人与周叶中教授合作的《关于重视两岸法律制度"一中性"的思考》一文，本文将对上述问题进行更进一步地讨论。

如何回答"一个中国在哪里"？

"一个中国在哪里"？这或许是自 1949 年两岸隔海相望后，最为困扰两岸的问题。早期的"一个中国"，是对于"天命谁归"的正统之争，从政权正统（政统）之争到文化正统（道统），两岸各自认为自己才是中国的唯一代表，从而在台海直至国际空间开展攻防。中程的"一个中国"，又陷入"完成时""将来时"和"现在进行时"的"古今之争"。而晚近的"一个中国"则开始执拗于"统'独'之争"。从表面看，"一个中国"在两岸抽象、空洞的概念之争中逐渐模糊，但是，如果仔细观察两岸对于"一个中国"语言表述在着力点上的位移，可以发现：两岸的"一中"论述并非是渐趋模糊，而是倒逼两岸从统一的民族国家向"法的共同体"迈进。"一个中国"也在两岸"法的共同体"型塑过程中，逐渐从"文化的一中""民族的一中""政治的一中"向着"法理的一中"进化。

1648 年《威斯特法伦和约》结束了"帝制邦国"的旧体系，近代民族国家踏上历史舞台。基于特定的民族建立主权国家，成为国家构造的经典范式，影响至今。1787 年美国制宪，宪法成为一个民族国家结成真正共同体的宣言和依据。自此，民族、国家、宪法构成"三位一体"的结构。主权国家在为一民族国家的同时，也具有了法的共同体的意涵。从"天下观"中走出的中国，经历了"中华民族建立中华民国"的民族国家型塑过程。"中华民国"成为中国走出"家天下"后的第一个"民族国家"符号。可惜的是，民族、国家和宪法三位一体的结构中，宪法的地位和作用被忽视了。宪法成为确认某种成果的法律文件，甚至是特定事实的法律化形式。近代中国及至今日，仅仅走完了"民族国家"这一段路，距离真正意义的现代中国还有一部宪法的距离。

"一个中国在哪里"这个问题的回答方式，不是争论"天命谁归"，也不是借助语法词汇玩文字游戏，而是讨论"一个中国"究竟靠什么来确认。目前两岸在根本问题没有解决的情况下，采取了认识论层次上的方法，即由两岸执政者达成关于"一个中国"在最大限度上的共识，并各自表述与认同这个共识，以求得两岸暂时的平衡。"九二共识"的原初意义即在于此。然而，时过境迁，选举政治的规律决定了台湾地区不可能有永远的执政者。新执政者是否认同这种认识论层次上的方法，过去的现实和即将发生的现实都已经给出了答案。这才有了习近平将"九二共识"定位于"历史事实"的新提法："九二共识"不再是一种认识论层面的结论，而是一项铁一般的历史事实，不因台湾地区领导人的改变而改变，也不因台湾地区领导人注意力和看法的改变而改变。因此，"九二共识"虽文字未变，其内涵已经与过去不可同日而语！但是，"九二共识"的原初意义并未随着其内涵的更新而褪去，它还将成为"九二共识"的软肋。不仅没有参与"九二共识"形成过程的民进党可以轻易否定它，就是参与"九二共识"形成过程的国民党也可以为因应岛内政治局势变化而否定它！靠什么确认"九二共识"，如何找寻台湾地区无法否认、无法回避的事物，来确认"九二共识"及其背后的"一个中国"？

这个能够用于确认"九二共识"以及"一个中国"的事物，当然只能是两岸各自体现"一中性"的法律。"文化的一中"尽管植根于两岸文化的同源性和中华文化的巨大凝聚力、感召力，但"文化的一中"并不必然导致"政治的一中"。"民族的一中"正在面临着"台湾国族"建构的挑战，"台湾国族建立台湾国"的呓语已经开始消解"中华民族建立中华民国"。

"政治的一中"虽构成"一中性"的内核，但"政治的一中"立基于政治团体和政治人物的决断，可信度、稳定性和权威性不足。应该说，两岸关系的历史，就是各类型"一中"不断"试错"的历史，"文化的一中""民族的一中""政治的一中"最终发展至"法理的一中"。"法理的一中"包容了"一中"的各种形态，为"文化一中"赋予权威性保障、为"民族一中"赋予法理光环、为"政治一中"提供刚性约束，已经解答"一个中国在哪里"之问的唯一可行选项！

两岸的统一，如若植根于"法律的一中"，"九二共识"最终能够成为两岸的"宪法共识"，则宪法在全中国的历史上首次扮演了"型塑国家"的重要角色。两岸的统一，因而也是现代中国在民族、国家和宪法"三位一体"意义上被构造的过程。因此，两岸复归统一，不仅是两岸结束政治对立的过程，也是两岸塑造"法的共同体"的过程，而中国也将在两岸"法的共同体"型塑的过程中完成真正意义的现代化。无疑，两岸各自体现"一中"的法律将在其中扮演无法替代的重要作用。

"中华民国宪政体制"怎么用？

蔡英文提出的"中华民国宪政体制"已经广为人知，成为蔡英文两岸政策的一大说辞。对于蔡英文的"中华民国宪政体制"论，政学各界人士已经对其进行了充分的解读和批判，无须赘述。那么，"中华民国宪政体制"对于大陆方面而言，是否只是供批判的对象？是否毫无价值可言？理想的大陆对台政策应当是战略与策略的结合，政治底线和政治定力的结合。既要在战略层次建立起"一个中国"的政治底线，保持两岸关系和平发展的总体方向，又必须根据台湾地区政治局势变化，针对政治人物暧昧多变的言论和态度，保持足够的政治定力，选择合适的应对策略。从资源的角度看待政治人物的任何言论，因势利导，挖掘资源的最大利用价值。因此，"中华民国宪政体制"论虽然在根本上模糊应对"九二共识"，但未必没有可资利用的价值，问题的关键是怎样运用"中华民国宪政体制"的说辞。

蔡英文眼中的"中华民国宪政体制"是否就是"中华民国宪法"？恐怕不能得出乐观的回答。在宪法理论上，宪政是宪法及宪法运行的状态，因而"宪政体制"除了成文宪法典之外，还包括宪法惯例、宪法判例、宪法解释等与宪法运行相关的规则等。蔡英文自己也曾在回应到底何为"中华民宪政体制"时说道："我所说的是中华民国现行宪政体制，我也以教授身份提供定义，包括宪法的内文、增修条例、相关宪政释文、法官判决以及政府与人民的相关运用，只要是跟宪法有关、跟释宪运用有关，都含在我所谓的现行宪政体制里。"台湾地区现行"宪法"的解读，自20世纪90年代"宪政改革"后，就陷入"一部宪法、各自表述"的吊诡境地。

作为母本的1946年"宪法"制定于中国大陆，其中政治体制、基本政策的规定，大多以"全中国"为对象，当然体现出"一中性"。但是，就是这个1946年"宪法"，同样留下了"中华民国的固有疆域"这一模糊、暧昧的提法，在20世纪90年代一度成为"台独"势力挑动"释宪台独"的缺口。1991年"宪政改革"后通过的增修条文，在序言中明确其作用为"因应国家统一前之需要"，又以"一国两区"界定两岸关系，似乎虽认可"分裂分治"但仍坚持"一中"。但是，在细部的制度设计上，"宪法增修条文"推动"中华民国总统"在台湾直选、废止作为"法统"象征的"国民大会"、推动"五权宪法"和台湾省的虚级化、推动"原住民"等台湾特色的词汇"入宪"……一部"全中国"的"宪法"逐渐蜕变为"小台湾"的"宪法"。而作为"宪政体制"重要组成部分的台湾地区"大法官释宪"，对于"一中"问题更趋暧昧：一方面以"政治问题不审查"为据，回避"中华民国固有疆域"的问题，仍维持"中华民国""制宪"时的"疆域"不变更，另一方面又透过结社自由、言论自由等，为"去中国化"、解禁"台独"言论提供法律依据。由此可见，这部"宪法"，这个"中华民国宪政体制"到底是什么？恐怕不是"非黑即白"的逻辑能够解释清楚的。

应该说，"中华民国宪政体制"实在包括了太多的内涵。单就一个"中华民国"，它既是马英九念兹在兹的"国家符号"，又是民进党"台湾前途决议文"中台湾在"宪法"上的"国号"。"中华民国宪政体制"也是这样，它既可以是蔡英文们心目中"台湾独立"的生存策略，也是部分"台独"分裂势力欲除之而后快的拦路石。如何看待"中华民国宪政体制"，在战略上当然应当严守"政治底线"，但在策略层面不妨更加艺术地对待之。既然"中华民国宪政体制"已经成了台湾的一个筐，各方势力各取所需，大陆方面当然亦可将之作为一种资源，寻求、放大、培育其中的"一中性"因素。事实上，两岸对于各自规定上的"一中性"早有认识，在两岸共同场合亦有论述。国民党方面的连战、吴伯雄都曾言"两岸各自的法律、体制都实行一个中国原则"，民进党方面的谢长廷也说过台湾目前"宪法"体制确有"一中架构",就是现在的民进党在 2016 年胜选后,也将长期主张的"台湾与中国缔结协议处理条例"祛除掉"两国论"的成分提交新立法机构审议。尽管其中不免掺杂形形色色的政治意图,但在可见的法理层面,台湾地区现行"宪法"的"一中性"成分仍然发挥着独特的作用。在中国大陆现行宪法和台湾地区现行"宪法"都具有"一中性"时,两岸"一中性"就能在法理上、特别是在根本法的层面寻找到交叠之处。规范的交叠为政治共识的形成提供了依据和素材,在政治力的催化和诱导下,两岸交叠的"一中性"规范完全能够成为两岸构建再平衡的支点。

"'九二共识'核心意涵"如何构造?

"九二共识"自诞生以来不仅命运多舛,而且含义也多次发生变迁。"九二共识"在相当长的一段时间,是作为两岸开展事务性商谈的前提性条件存在。2011 年 11 月,胡锦涛在檀香山对"九二共识"的内涵进行了重述,"九二共识"因而形成了包括本体论的"九二共识"和方法论的"九二共识"双重结构。本体论的"九二共识"体现为两岸对一个中国原则的认同,而方法论的"九二共识"则体现为两岸"求同存异"的协商精神。

2016 年两会期间,习近平对于"九二共识"的含义再次进行了两处更新:其一,将"九二共识"首次明确为"历史事实";其二,形成"九二共识""核心意涵"的新提法。从逻辑关系上,两处更新是联系紧密的整体:只有当"九二共识"成为一项历史事实,而非简单的"认识论共识","核心意涵"的提法才有所附丽。"核心意涵"的提法,意味着只要台湾方面——特别是民进党和蔡英文——用合适方式表达对于一个中国原则历史事实的认同,则大陆亦可不拘泥于特定的概括性表述。这就意味着,在民进党执政后,大陆和台湾仍有可能达成体现"九二共识"核心内涵的新共识。

"九二共识"核心内涵的提出,展现大陆方面在继续推进两岸关系和平发展方面的巨大诚意和决心。事实上,"九二共识"的核心内涵是十分明确的,即一个中国原则,然而这也是台湾方面在统"独"领域争议最为聚焦的问题。"九二共识"形成的年代,两岸的争议仍是"天命谁归"的正统之争,两岸对于"一个中国"并无争议,争议只在于中国的"国号"为何。时过境迁,今日两岸的统"独"争议早已不再是"国号之争",是否承认"一个中国"成为问题的关键。在"文化的一中""民族的一中""政治的一中"相继被解构、被曲解的时候,唯有在运用法理资源,借助"法理的一中"才可能有效回应岛内是否承认"一个中国"的问题。无论如何,台湾地区现行"宪法"以及由此构建的法律规范体系,仍能够在规范文本上坚持"一中",在法教义学的立场上已经成为岛内支撑"一中"的核心依凭。

然而,台湾地区现行"宪法"恰恰是大陆的一个心结。1949年,中共中央发出《关于废除国民党的〈六法全书〉与确定解放区的司法原则的指示》(简称"废除六法全书的指示"),标志着"中华民国""法统"在大陆的断绝和中华人民共和国新法统的建立。对待台湾地区现行"宪法"的态度,已经成为是否承认中华人民共和国政权合法性和新法统的标志。大陆至今未承认台湾地区领导人和绝大多数公权力机构的正当性,至今否定台湾地区现行"宪法"和绝大多数公法的正当性,皆在于此!这不仅是"争正统"的体现,也是中国共产党和中华人民共和国自证合法性的需求使然。如果承认台湾地区现行"宪法"的"正当性",可能的政治后果甚至不限于两岸问题论域,因而必须谨慎处置,不可贸然为之。台湾地区现行"宪法"不宜直接承认,但其中的"一中性"资源的确值得合理利用,正是这种"否定的承认"或曰"承认的否定",构成了两岸"宪法"的一种吊诡,也是大陆应对台湾地区现行"宪法"时总有"戴着脚镣跳舞"之感的根源,而这也恰是两岸"隔离但统一""隔离但交往"奇妙状态在法理上的直观呈现!

如果走出这种吊诡的境地,成为通过两岸"一中性"规范的交叠,构造"九二共识"核心意涵,进而推动两岸形成新共识的症结所在。还是回到第一个问题所谈的民族、国家、宪法"三位一体"的关系上。如果将宪法作为一种政权存续的法律化形式,或者将宪法作为一个新政权正当性或曰法统的标志,那么上述症结永远也难以跨越,两岸关系无论处于何种阶段,仍然跳脱不出"正统之争"的层次。然而,如果将国家理解为法的共同体,将宪法理解为国家这个法的共同体构造的理据,则完全可以从功能性的视角去解读宪法。两岸最终的统一,既是中国作为一个民族国家复归统一的过程,也是一个两岸法域和法律体系融合发展最终达致法的共同体的过程。"九二共识"核心意涵在两岸法的共同体形成过程中,不仅在认识论层次和历史事实层次得以构建,也能够成为两岸新共识——无论共识的名称和形式为何——所认可和肯定!

至于两岸各自"宪法"的名称,在两岸未能完全消除政治对立的情绪前，可以用合适的名称替代之，既可以是仅仅体现功能性特征的"宪制性法律"或"宪制性规定"，也可以是其他合适的名称。作为"宪法"的替代性名称，归根到底只是一种语言文字相互转化的戏码，"宪法"作为塑造两岸法的共同体的理据，其中的"一中性"资源才是最值得关注和运用的。祛除了两岸"宪法"在两岸论域内不必要的政治性色彩，而突出甚至仅仅关注两岸"宪法"对于法的共同体的功能性作用，则两岸"宪法"在各自所体现的"一中性"基础上相互融合发展自有可期。

发表时间：2016 年 5 月 13 日

原文链接：载《中国评论》2016 年 4 月号，http：//www.crntt.com/doc/1041/8/0/3/104180349 _ 2. html? coluid = 7&kindid = 0&docid = 1041803 49&mdate = 0524141840

司法轮替隐藏"法理台独"隐忧

近日，台湾地区司法机构（即台湾地区"司法院"）原正副负责人赖浩敏和苏永钦分别被蔡英文提名的人选替代，台湾地区司法机构开启政党轮替序幕。与领导人、立法机构和地方县市首长层次的轮替不同，这次司法机构的轮替略显"静悄悄"，除若干法律人些许关注外，社会大众关注较少。在舆论场上，司法机构的轮替也的确未能如领导人、立法机构和地方县市首长等层次的轮替那么引人注目。除苏永钦公开信"沾光""蔡英文干预司法"的话题走红外，被轮替的正职负责人赖浩敏甚或是轮替本身都未能成为舆论场上的一个话题。然而，这并不意味着司法轮替在两岸真的微澜不惊、无关紧要，相反，由于司法权的特点以及台湾地区司法机构的某些表现，使得司法轮替同样包含着"法理台独"的隐忧，且这种隐忧在隐蔽性、可能性和危险性上不弱于甚至强于其他领域的"台独"形态。

台湾地区司法机构设"大法官"15人，职司台湾地区现行"宪制性"规定的解释、裁决大权，兼具台湾地区正副领导人弹劾案审判权和司法行政权，构成台湾地区政治社会的重要一环，蔡英文在解释其所谓"中华民国现行宪政体制"时，亦将"大法官"对于"宪制性"规定的解释视作"中华民国现行宪政体制"的重要组成部分。因此，台湾地区司法机构的一举一动依然牵动着岛内政局和两岸关系。

在历史上，台湾地区司法机构在两岸事务中多次扮演关键性角色。早在1954年，"大法官"即以"国家遭遇重大变故"为由，维持在大陆产生的第一届"国民大会"任期延续，造就"万年国大"的态势，坚持当时台湾当局自诩的"中国法统"。1993年以"政治问题不审查"为由，搁置对台湾地区"宪制性"规定中"固有疆域"一词的解释，其后，"大法官"做出多个解释为"去中国化"政策提供法源，为"台独"言论松绑，为区别对待两岸民众的规定张本，其中不乏"两国论"的因素作祟。可见，台湾地区司法机构在1987年两岸交往后的数十年间，其实从未缺席。

与前两次政党轮替不同，2016年台湾地区的三度政党轮替乃是全盘轮替。此前，民进党在领导人、立法机构成员和地方县市首长层次均获得压倒性优势。但由于台湾地区司法机构的"大法官"有任期保障，使其不随台湾地区政党轮替而发生即时轮替。因此，国民党执政时期任命的一批"大法官"能延续至"5·20"后，也成为国民党在台湾地区政权体制中残存的唯一影响所在。加之"大法官"拥有解释"宪制性"规定之权，这批"大法官"甚至被寄予维护两岸关系政治底线的唯一希望。

尽管台湾地区有关规定要求司法权远离政治，保持公允、中立与客观的态度，但台湾地区司法机构似乎距离政治并不太远，甚至在某些具体个案上受到政治的影响颇深。在既往的"核四"风波、"三·一九真调会"事件、"国家通讯传播委员会（NCC）"事件等政治事件中，司法机构已经深深地卷入于政治纠葛之中。根据台湾地区"宪制性"规定，台湾地区领导人可以按照自己的意志提名"大法官"人选，使得"大法官"天然地附着党派色彩。在2000年至2008年，主要由民进党当局提名的"大法官"，在包括"陆配地位"案等多个案件中做成有着明显倾向性的案件，对两岸关系造成的伤害至今仍存。而在2008年后，"大法官"又做成若干有利于两岸关系和平发展的解释，在法制技术层面形成有利于大陆居民在台权利保障的司法准则。这一转变显然与其时绝大多数"大法官"由国民党任命有所关联。

本次司法机构正副负责人换人，对于台司法机构而言只是一个开端。之后2—3年内，国民党执政时期任命的"大法官"将全数被换，蔡英文有机会对司法机构进行"绿化"。一批由民进党任命的、政治立场与绿营接近的"大法官"，在未来会做出何种裁断，的确未可知晓。当"立法的"、行政的、地方的、政党的，乃至于社会运动等各层面一再挑战两岸关系底线，司法能否独自坚守底线，是否会成为"法理台独"的附从者、推波助澜者、煽风点火者，亦不得不成为未来思虑的面向。

司法轮替及其可能产生的"法理台独"隐忧，提示着反"台独"斗争的复杂性和隐蔽性：不仅在众人关注、看得见的领域有"台独"风险，而且在鲜有人关注、看不见的字里行间亦有形形色色的"台独"可能。在民进党有可能长期执政的情势下，唯有以坚持"九二共识"核心意涵不变来应对"法理台独"各类形态之万变，保持对于台湾内部局势的足够敏感性和应变性，方可为两岸关系和平发展保存未来之可能。

发表时间：2016年7月18日

原文链接：http://www.chbcnet.com/zjps/content/2016-07/18/content_1245423.htm

国际空间的实与虚

放弃南海等于让两岸
重回"外交鏖战"

2008 年后，两岸关系和平发展的春风不仅是海峡两岸的和平之风、交往之风、发展之风，也是世界的和解之风。两岸"外交休兵"，让台湾海峡从剑拔弩张之地变成了和平发展之地，两岸亦不再虚耗资源，而能在国际社会齐头并进，增益中华民族的整体利益。"外交休兵"改变了两岸长期以来的"外交鏖战"，台湾同胞参加国际事务的心愿正在逐步获得实现，台湾地区在国际社会的利益也获得肯定与维护。国际组织的会议上两岸反复纠缠"代表权"问题的景况大大缓解，台湾因素也不再是各类国际组织和中国国际地缘政治的"搅局者"。这些，得益于大陆方面对于台湾同胞参与国际事务心愿的理解与宽容，更加得益于台湾方面能够坚持"两岸人民同属中华民族"和维护中华民族整体利益的定位。

遗憾的是，台湾日前爆出 2016 年台湾地区领导人选举民进党参选人蔡英文访美期间将向美国表态"放弃南海"的传言。尽管传言并未获得民进党方面的证实，但民进党方面亦未否认，而是含糊其辞，"顾左右而言他"。如果民进党为换取美国支持，宁愿牺牲中华民族固有海域——南海的利益，那么，不仅民进党放弃南海政策提出者将被永远地钉上历史的耻辱柱，背负上"数典忘祖""丧权辱国"的罪名，而且 2008 年后两岸"外交休兵"局面将不再，两岸将重回"外交鏖战"岁月。

两岸虽有隔阂，但这些隔阂归根到底是中华民族内部的争议，是 20 世纪 40 年代后两岸政治对立的延续。但如果民进党内的部分人为了选举利益和权力之争，宁可以牺牲和放弃中华民族整体利益为代价，换取外部势力的支持和认可，则无异于引入外部势力干预中华民族内部事务，用影响中国国际地缘政治布局的做法来打乱中国大陆对台方略，已与"外交鏖战"毫无二致！

事实上，距今不远的两岸"外交鏖战"，其惨烈程度至今仍使人心有余悸。两岸要么秉持"有你无我、有我无你"的立场，在国际舞台展开攻防，争夺对方的"国际空间",让外邦渔翁得利;要么为所谓"代表权"问题争论不休,各借国际场合进行冗长辩论、发言,消磨两岸在国际社会的形象。"台独"分子也常常以国际事件为借口,渲染"台湾被打压""台湾被矮化"的悲情氛围,获取大量选举资源。历史证明,"外交鏖战"的后果,是中华民族整体利益在两岸攻防间无谓消耗,两岸政治互信亦在"外交鏖战"中迟迟无法获得建立,两岸民众沟壑亦难填平。

民进党中的部分人,如果为了一己之私,真的拿"放弃南海"换取外部势力的支持,则其即便胜选,也将无法从中真正获益:首先,两岸"外交鏖战"再现,外交攻防将再次虚耗两岸资源;其次,两岸刚刚有所进展的政治互信,将因两岸"外交鏖战"而受阻甚至倒退,连带两岸经济互惠、文化互补、社会互利的和平发展局面受到严重挫折;再次,"外交鏖战"将影响台湾民众参与国际事务的途径与方式,导致台湾民众参与国际事务再难遂愿;复次,民进党因利忘义的形象将由此定格,大陆方面也将失去对民进党的任何期待和信心;最严重的是,"放弃南海"及其所带来的连串反应,可能使中华民族在南海的根本利益受到无法挽回的损害,这将为中华民族留下永久的遗憾与伤痛!

习近平总书记指出,两岸同胞是血脉相连的一家人,是命运共同体。这"一家人"是"兄弟阋于墙外御其侮"的情感基础,这"命运共同体"是"兄弟齐心,其利断金"的认同根基。两岸虽有隔阂,但同属中华民族,两岸的争议即便再深再烈,说到底,也是兄弟之争。中华民族是两岸民众的共同家园,维护和增进中华民族整体利益,实现"两岸一家亲、共圆中华梦"是两岸民众根本利益和共同使命所在。

一如南海,她既是大陆的南海,也是台湾的南海,归根到底是中国的南海,维护中华民族的南海利益,是包括台湾同胞在内全体中华儿女的共同担当与使命。中国在南海已经遭遇诸多挑衅,但"季孙之忧,不在颛臾,而在萧墙之内也"。民进党内的部分人,如果民族良知未泯,理应认清南海对于中华民族的重大意义,认清"外交休兵"对于民族、国家和民进党自身的重大意义,认清承认"九二共识"、维护和增进中华民族整体利益的重大意义。唯其如此,两岸才有可能真正建立台湾地区有序参与国际事务的体制机制,台湾民众参与国际事务的心愿才能获得制度化的保障。

面对两岸尚显脆弱的互信关系,面对两岸日渐敏感的交往生态,民进党内的部分人应当立刻警醒,唤回心中良知,切勿触碰中华民族整体利益的底线，切勿破坏两岸来之不易的"外交休兵"局面，切勿在危害民族、出卖祖宗的道路上越走越远！

发表时间：2015 年 6 月 2 日

原文链接：http：//www. chbcnet. com/zjps/content/2015 – 06/02/content _ 1124877. htm

台民抗日是铁一般的历史事实——
李登辉媚日言论批判之一

　　李登辉近期在为某日本杂志撰写的文章"台日新合作的曙光"中，发表诸如"没有台湾抗日的事实""台湾人其实是为日本'祖国'而战""二战时期台湾和日本是'同一个国家'"等媚日言论。这些媚日言论罔顾历史事实，不仅曲解了包括台湾人民在内的中国人民抗日的历史，而且臆造了一系列扭曲是非的"台湾国族认同观"。在这些被曲解、被臆造的"历史观"中，具有最基础、最核心地位，也是最令人不能容忍者，就是所谓"没有台湾抗日的事实"一说，这一言论将台湾和台湾民众绑上了日本军国主义的战车，将台湾和祖国大陆区隔开，也将台湾民众涂污成为日本殖民者随意摆弄的顺民，不仅割裂了台湾与祖国大陆共同抗战的历史，也抹杀了台湾民众在中华民族全民族抗战中的历史贡献和地位。

　　大概是忘记了，他与很多"台独"分子津津乐道的"台湾民主国"，就是反抗日本殖民统治最早的"台湾声音"。《马关条约》割台之后，清廷饬令在台官员内渡，时任台湾省巡抚的唐景崧和台湾防务总兵官刘永福皆留台，誓与台湾共存亡。1895 年（农历乙未年）5 月末，台湾各界成立"台湾民主国"，唐景崧任"大总统"，并置议会和各大臣，领导台民抗击日军侵台。由于力量悬殊，至当年 9 月，唐景崧、刘永福等均撤至大陆，"台湾民主国"结束。"台湾民主国"曾被很多"台独"分子视为"台湾独立"的先声，殊不知，"台湾民主国"从未断绝归附祖国之心，不仅不是"台独"的先声，而且是台民抗击日本侵略者的"先声"。"台湾民主国"置年号"永清"，意指永远做祖国大陆中央政权的臣民。唐景崧在就任"大总统"当日，向北大哭，布告全台并传檄中外，声明："日本索要台湾，竟有割台之款，事出意外。闻信之日，绅民愤恨，哭声震天……台民惟集万众御之，愿人人战死而失台，决不愿拱手而让台。"檄文语词恳切悲凄，至今读来仍催人泪下。"台湾民主国"运动是台民乙未抗战的核心，台民为抵御日军占领台湾，牺牲达五六万之多。"台湾民主国"及乙未抗战虽以失败告终，但台民抗日的事实与精神却是不容抹杀的！

李登辉大概是忘记了，他及很多"台独"分子诩为"台湾原住民"的台湾地区少数民族，也积极投身抗击日本殖民统治。台湾地区的少数民族（高山族）是中华民族的组成部分，他们世居台湾，与汉民族一道构成台湾的主人。当日军侵略台湾时，台湾地区的少数民族亦举起抗日义旗，投身抗击日本殖民统治。台湾著名导演魏德圣执导的著名影片《赛德克·巴莱》，即是以1930年发生的"雾社事件"为蓝本。在"雾社事件"中，仅有1200族民和300名能战之士的雾社，以原始武器抵御十倍于己的现代化日本军警，最终战死及自杀者600余人，雾社首领自杀牺牲。"雾社事件"是台湾地区少数民族在日本殖民统治期间规模最大、死伤最惨烈的反抗运动。事实上，从1895年日本侵台至1930年"雾社事件"，台湾地区少数民族的义士，先后发动150余次武装抗日运动。"抗暴歼敌九百人壮烈捐生长埋碧血，褒忠愍难亿万世英灵如在永励黄魂。"雾社旧址入口褒义坊的对联，向世人述说着台湾地区少数民族抗日的历史，缅怀着抗日义士的英名。台湾地区少数民族抗日的历史，是中华民族抗日历史的重要组成部分，也是台湾地区少数民族为全民族抗战做出的历史性贡献！

李登辉大概是忘记了，他及很多"台独"分子奉若"祖国"的日本殖民统治者，从来就没有停止过镇压台民的抗日活动。近些年，以"矫正史观"为名，日本殖民者对于台湾地区的经济建设成绩，被作为日本殖民统治的成果大加褒扬。日本殖民者因此被誉为台湾的"现代化者"，甚至是台湾的"文明启蒙者"。这也是李登辉们将日本奉若"祖国"的一大原因。事实上，日本殖民者从未将台湾民众视为"本国人"，也从未停止过对于台民的镇压。2007年，李登辉曾得过一个所谓"后藤新平"奖。这个"后藤新平"奖，以在甲午战争后任台湾民政长官后藤新平之名命名。1898年，正是这位代行台湾总督的后藤新平，在台湾建立"警察体制"，强化责任连坐的"保甲制"，颁行"有如秋霜烈日"的"匪徒刑罚令"，对台民开展大规模镇压和屠杀。后藤新平在台任职仅五年时间，被处死刑的台湾民众竟超过33000人，占到当时台湾总人口的1%。不仅于此，苗栗事件、西来庵事件，每次台民抗日起义，都伴随着日本殖民者的大屠杀，罗福星、余清芳等台湾籍抗日义士亦牺牲于日本殖民当局的绞刑架，如果没有台民抗日，这些屠杀和牺牲又由何而来？

1895年台湾沦陷，台湾民众与祖国大陆民众一道，承受着失却土地和尊严的屈辱；在殖民统治 50 年间，台湾民众与祖国大陆民众一道，时刻不忘复国再生，重归中华；1945 年台湾光复，台湾民众与祖国大陆的民众一道，欢呼抗日战争的伟大胜利。历经艰辛与磨难，台湾民众从未以"战败国国民"自居，而是与祖国大陆的民众一道，享受着胜利者的尊荣与荣耀，这些都曾经是台湾妇孺皆知的历史常识。时至今日，李登辉等竟不顾常识，罔顾历史，抹杀台湾民众抗日的历史，这不仅不符合历史事实，也污蔑了在抗日中牺牲的台湾籍英烈。

李登辉们的意图是很明显的，即用"没有台湾抗日的事实"，将祖国大陆与台湾在抗日的历史上割裂开来，描述一个不存在的"台湾故事"，从而从历史角度臆造"台湾与中国大陆不是一国"的幻象。然而，"台民抗日"这个铁一般的事实，对李登辉们的图谋做出了最为坚定的回答，那就是：台湾的抗日历史与祖国大陆的抗日历史是完全相通和完全一致的，抗日的台湾故事是整个抗日的中国故事的一部分，无论现实还是历史，大陆和台湾同属一国的事实从未改变，也不会改变。

发表时间：2015 年 9 月 1 日

原文链接：http：//www.chbcnet.com/zjps/content/2015 – 09/01/content ＿ 1167309. htm

"台湾人"是中国人不是日本人——李登辉媚日言论批判之二

在李登辉近期诸多媚日言论中，最奇怪者，是他声称二战时台湾和日本是"同一个国家"，"台湾人"其实是为日本"祖国"而战。这种论调严重违背历史事实，也违背台湾民众的国家认同与民族感情。历史和现实都告诉人们，"台湾人"是中国人，不是日本人。抗日战争胜利70周年，台湾民众没有必要以"战败国国民"自居，用自怨自艾自贬的方式去博取虚幻的同情，而是应当保持胜利者的尊严与荣光，以积极心态看待历史，面向未来！

"台湾与日本同属一国"没有任何法理依据

众所周知，日本殖民统治台湾的法理依据是甲午战争后签署的《马关条约》，至今仍有日本政客主张《马关条约》效力仍存。不过，即便是主张《马关条约》仍然有效的日本政客，也只敢在钓鱼岛问题上做做文章，尚未及于台湾本岛。李登辉居然更进一步，直接认为"台湾与日本是一个国家"。事实上，早在1941年12月9日，国民政府对日宣战的文告就指出："所有一切条约、协定、合同，有涉及中、日间之关系者，一律废止"；1943年12月1日，中、美、英三国联合发布的《开罗宣言》宣告："三国之宗旨，在剥夺日本自1914年第一次世界大战开始以后在太平洋所夺得或占领之一切岛屿，在使日本所窃取于中国之土地，例如满洲、台湾、澎湖列岛等，归还中国"；1945年7月26日，以中、美、英三国首脑名义发布的《波茨坦公告》明确提出："开罗宣言之条件必将实施，而日本之主权必将限于本州、北海道、九州、四国及吾人所决定之其他小岛内"；1972年9月29日，中华人民共和国政府和日本国政府联合发布的《中日联合声明》中，也指出："台湾是中华人民共和国领土不可分割的一部分，日本国政府充分理解和尊重中国政府的立场，并坚持遵循《波茨坦公告》第八条的立场。"

这些为世人所公知的国际法律文件，都明白无误地传递一个基本法理，即：《马关条约》之效力早已为中国人民所否定，也为国际社会所摒弃，台湾是中国神圣不可分割领土一部分的事实，不仅有着历史的佐证，有着包括台湾人民在内的中国人民的肯定，有着国际社会的普遍认可，而且有着法理的支撑。"大陆与台湾同属一个中国"，已经为世界主要国际组织、主要国家和主流舆论公认为国际法上的基本事实，所谓"台湾与日本同属一国"，没有任何法理依据，全世界恐怕除了李登辉们，不会再有人会有如此荒谬的主张。

日本殖民者视台湾民众为"二等公民"

或许会有人说，李登辉所说的"台湾与日本同属一国"，有着明确的时间限定，即"二战时期"，那么，"二战时期"的日本是否视其与台湾为"一国"呢？答案当然是否定的，日本殖民者从来没有视台湾为本土，也从未视台湾民众为"本国国民"，反而是将台湾视作日本本土的资源攫取地，将台湾民众以"二等公民"甚至"劣等人"待之。日本殖民者对于台湾的定位，是将台湾打造为日本的农林作物基地，为日本本土的工业化和对外扩张提供原料。日本殖民台湾50年，对台湾各项资源的掠夺程度，也是世所罕见的。

但是，即便台湾为日本的现代化付出如此大的牺牲，日本殖民当局仍以"二等公民"看待台湾民众。日本在二战前曾有一个短暂的"大正民主"时期，但这个"民主"并不属于台湾民众，台民没有任何选举权利，各级官吏和代表均由日本殖民当局指定。台湾最高学府——今日台湾大学的前身——"台北帝国大学"，主要的招生对象并不是台湾籍青年，而是在台的日本青年。在台湾企业，台民只能担任低阶劳力工作，而高阶技术工作和管理工作均由日本人充任。台湾士绅领袖、曾多次受殖民当局邀为日本贵族院敕选议员的林献堂，仅因在访问上海期间，说了一句"归来祖国"，回台后即遭日本军国主义者殴打。士绅领袖尚且如此，普通民众的人权状况就更加可想而知了。与在台的汉族平民相比，台湾地区少数民族更是被日本殖民者视为"贱民"。日本殖民者对于台湾地区的少数民族不仅采取文化灭绝政策，而且对于部分少数民族采取种族灭绝政策，少数民族不仅谈不上权利保障，连基本人格都被否定！

　　李登辉在给日本杂志的撰文中，对他的哥哥李登钦（"岩里武则"）担任日本军警，并在菲律宾"殉职"，被"供奉"在靖国神社一事自豪不已。殊不知，日本对类似于李登辉哥哥这样的台湾人，其实并不信任，首先是绝不敢在大陆使用，就连在东南亚使用，也是分散用之，大多从事军夫等杂役工作。只是后来日本国内兵力折损过重，无奈下才征用台湾籍青年参加日军，其实就是充当日本军国主义的炮灰，为日本军国主义陪葬。李登辉的哥哥，就是众多台湾籍的日本炮灰之一。李登辉连这种事都能拿出来与日本攀关系，其人格之低下和自轻自贱之严重，可见一斑！

　　发表时间：2015 年 9 月 2 日

　　原文链接：http://www.chbcnet.com/zjps/content/2015 - 09/02/content _ 1167759.htm

媚日言论的本质仍是"台独"操弄——李登辉媚日言论批判之三

李登辉的媚日言论在近期已经成为两岸舆论场的焦点议题之一。人们在愤慨之余，对于李登辉的种种媚日言论也产生了不解和疑惑：一般而言，正常人都愿意和胜利者站在一起，李登辉抛开胜利者的荣耀不要，反而急着和战败者贴上关系，其意为何？国际社会包括绝大部分日本人都承认，台湾是中国的一部分，李登辉却罔顾事实，硬说"台日同属一国"，到底意欲何为？维护领土完整是公权力职责所在，曾任台湾地区领导人的李登辉，至今享受着台湾地区公权力和纳税人的礼遇，却将隶属于台湾宜兰县的中国钓鱼岛说成是"日本领土"，究竟是何企图？靖国神社是供奉二战时日本甲级战犯的场所，稍有廉耻心的人皆不愿与之产生关联，李登辉却以其兄灵位被供奉在靖国神社为荣，其中玄机何在？凡表面不合逻辑之事，背后的逻辑往往是最清晰的。李登辉种种违反正常人思维理性，击穿人伦良知底线的言论，归根到底，都是为"台独"张本，为 2016 年台湾地区领导人选举扯旗，本质仍是李登辉和"台独"分子最惯常的政治操弄。

李登辉媚日言论与李登辉的"台独"言论遥相呼应，共同构成李氏"台独论证"的主线。李登辉本次在日本相关杂志上撰文，已经不是他第一次发表媚日言论。早在李登辉还是台湾地区领导人时，他的媚日言论就已经招致台湾社会的反感。1994 年，尚"在位"的李登辉，就曾对日本作家司马辽太郎说，在 22 岁之前，他曾是日本人。2000 年卸任后，李登辉更是毫无顾忌，在各种场合大放厥词，多次提出"钓鱼岛是日本领土"的言论。不仅如此，李登辉还曾于 2004 年亲自参拜供奉日本甲级战犯的靖国神社，甚至对中国政府和韩国政府抗议日本政要参拜靖国神社的做法颇为不满。与这些媚日言行相伴随的，是李登辉的"台独"言行。在担任领导人时，李登辉就用虚化"一个中国"的办法，人为制造两岸隔阂，最终在 1999 年抛出"两国论"。卸任领导人后，李登辉扯下一切遮羞布，公开为"台独"站台，组织"台独"政党，支持"台独"政客，成为"台独"势力的教父级人物。

李登辉的媚日与"台独"绝不是相互孤立的言论，而是有着内在一致性。论证台湾与日本的密切关系，除了李登辉本人的日本情结外，更为重要的是，这种论证在李登辉看来能够切割台湾与中国大陆的亲缘关系，从而将台湾的历史以甲午为界，将日本殖民统治作为"台湾新生"的起点。根据这一逻辑，虽然台湾在甲午之前，是中国中央政权所管辖的一个省，但是，"在甲午之后，台湾根据《马关条约》割让给日本，成为日本的一部分，自此于中国中央政权没有任何关系，也就是与中国大陆、与中国不再有任何关系"。按照这一逻辑，在1945年之后，台湾既可以根据盟军的战后安排脱离日本，也可以脱离中国，成为一个独立的"国家"。完成这一逻辑闭环的关键，就是论证日本殖民统治台湾的所谓"正当性"，否则台湾脱离中国中央政权的"合法性"无以成立。李登辉的媚日言论自始至终都是在为日本殖民统治搽脂抹粉，目的就是通过美化日本殖民统治，为上述荒谬的"台独"逻辑背书。

应该说，李登辉在议题的内容选择和时间选择等问题上，的确体现出一个政客的老谋深算。在内容选择上，李登辉选择了台湾目前最敏感、也是最引人关注的历史话题，借助刚刚结束的"反课纲"学运所营造的舆论氛围，挑起岛内对于混乱史观的又一轮争辩与讨论。在时间选择上，李登辉切准了三个关键的时间点：其一，中国大陆举行盛大阅兵活动，纪念抗战胜利70周年，岛内部分人士（包括一部分国民党人士）对中国大陆纪念活动颇有微词，两岸历史不互信效应显现；其二，中国大陆与日本因历史问题、和平宪法问题和钓鱼岛问题，关系处于建交后的历史性低点；其三，岛内围绕2016年领导人选举激战正酣，没有放弃"台独"主张的民进党籍候选人暂时领先。这三个时间点十分敏感和微妙，各方都需冷静观察与判断，这正好给了李登辉挑弄是非的良机。

李登辉的媚日言论，其一给两岸中国人纪念抗战胜利70周年的热情添堵，试图加深两岸的历史不互信；其二无端在中日之间制造新的话题，试图加深中日之间业已存在的关系裂痕；其三打压中华意识较强的国民党以及马英九、洪秀柱等政治人物，试图加深台湾民众对马英九和国民党的质疑感，为民进党竞选站台背书。这三点归结到一点，就是将两岸、中日、岛内的三滩水搅浑，从中谋取符合"台独"取向的政治利益，目标直指2016年台湾地区领导人"大位"。

无独有偶，代表民进党参选 2016 年台湾地区领导人"大位"的蔡英文，最近也发表了诸如"放弃南海"的主张，其言论与李登辉所谓"钓鱼岛是日本领土"的言论高度类似。无论是南海，还是钓鱼岛所在的东海，正好是中国大陆目前在大国博弈中的两大关切。李登辉和蔡英文双双提出相似度极高的言论绝不是偶然，而是遥相呼应，都是准备以牺牲中华民族整体利益为筹码，换取在东海和南海两大战略方向上的相关大国的支持，至少是默许"台独"势力在台重新执政，重演冷战时"以独制台，以台制共"的戏码。民进党不在台湾民众真正关心的两岸、民生、经济等议题上拿出真诚意和真办法，而是跟着李登辉在抽象的历史问题和意识形态问题上反复地挑动民粹，以做口舌之争，甚至不惜出卖祖宗基业谋求外部势力支持，即便能够暂时得势，最终的下场比当年的陈水扁也不会强过多少。

台湾的光复，是包括台湾同胞在内的中国军民，用 3500 万条生命换来的，台湾的"失而复得"，凝聚着中华民族的血泪与光荣，李登辉们实在是低估了中华民族捍卫领土和主权完整的决心。无论李登辉们的政治操弄如何娴熟、何等高超，说到底都是政治上的奇技淫巧。两岸建构历史互信、政治互信，推进两岸关系和平发展和祖国完全统一，是历史的大道，奇技淫巧总归抵不过历史的大道，也必将被淹没在历史的大潮中。

发表时间：2015 年 9 月 6 日

原文链接：http：//www.chbcnet.com/zjps/content/2015 – 09/06/content ＿ 1169498.htm

二战后远东国际政治秩序不容颠覆——李登辉媚日言论批判之四

李登辉的媚日言论已经引发两岸政界、民间和学界的普遍关注，其本质是一种以"台独"为目的的政治操弄。但是，李登辉的媚日言论并不孤单，不仅在岛内应者众多，而且在国际舆论场也有人唱和。二战结束已经70年，一股国际逆流似乎认为历史已经翻篇，不用再承担历史的责任，因而试图颠覆二战后由胜利者们奠定的远东国际政治秩序，重新为军国主义"招魂"。李登辉的媚日言论，是这场企图颠覆二战后远东国际政治秩序闹剧的组成部分，不仅违逆两岸关系和平发展的大局，也违逆亚太远东地区和平发展的大局。远东国际政治秩序不仅是战胜国对战败国的惩罚与预防，而且是远东及世界和平发展的保证，绝不容颠覆与破坏。

台湾回归于中国，是远东国际政治秩序对于中日问题最为重要的环节。众所周知，二战期间，日本参加法西斯轴心国，是二战的发起国之一，日本军国主义者给中国人民造成了深重的灾难。战胜日本军国主义，不仅是要抵御日本在20世纪30年代后对于中国的大规模侵略，更是要结束自19世纪末以降日本对于中国的逐步侵略与蚕食，一扫自甲午战争以来对日屡战屡败、丧权失地的国耻。在太平洋战场激战正酣之时，世界反法西斯同盟国即开始对战后国际政治秩序进行思考。妥善处理台湾问题，是同盟国在战争期间，思考远东国际政治秩序的重大关切。《开罗宣言》《波茨坦公报》等一系列国际法律文件，都规定台湾必须归还中国。这些国际法律文件，成为台湾光复和中国恢复对台湾行使主权的法理依据，也是同盟国在战时对于中国人民艰苦卓绝抗日的一种承诺。中国抗日战场是二战反抗法西斯的东方主战场，世界反法西斯战争离不开中国军民的浴血奋战，同盟国对于远东国际政治秩序的安排，必须考虑中国军民在二战期间的历史性贡献和民族感情。因此，台湾回归中国，既是中国对其固有疆域恢复行使主权的题中应有之义，也是中国作为战胜国所应当获得的胜利成果。

从更为广阔的视野来看，台湾回归中国，也符合美国对于远东国际政治秩序的设想。二战期间及二战结束的初期，美国对于远东格局的设想是，通过扶持中国牵制其他大国，同时消除日本作为新战争策源地的可能，以此安排来维护亚太地区的稳定。在这种设想的支配下，中国将成为美国在远东的一个支柱性盟国，台湾回归中国，因而是美国远东棋局上的重要一步。这些设想并不仅仅停留在美国决策部门和智库的文件上，而且通过二战期间的一系列国际会议和中美双边商谈，形成了法理化、国际化的共识。前述各项国际法律文件，以及台湾光复的事实，都是在这种对于远东国际政治秩序的设计框架内得以实现。

然而，中国大陆政治局势在 1945 年后发生急剧变化，最初的远东国际政治秩序构想被放弃。根据解密的《美国外交档案》（FRUS）记载，美国曾经考虑过"承认中华人民共和国，并承认台湾是中华人民共和国一部分"的方案，后因新中国外交政策"一边倒"和朝鲜战争的爆发而作罢。在这种背景下，二战中由各大国根据各自在战争中的贡献所奠定的远东国际政治秩序被修改了，台湾的地位也随之发生了改变，即从中国的一部分，变成所谓"未定状态"，亦即后来被"旧金山和约"确认的所谓"台湾地位未定论"。"旧金山和约"严重违背二战期间各战胜国就远东国际政治秩序达成的共识，将日本军国主义的幽灵再次释放出来，辜负了中国军民在抗日战争中所付出的巨大牺牲和做出的巨大贡献。值得注意的是，两岸的中国人都没有参加"旧金山和约"的谈判和签署，中华人民共和国政府向来明确否定"旧金山和约"的"合法性"。台湾方面因各种原因，在与日本所谓"日台和平条约"中，回溯性地承认"旧金山和约"的相关条款。日本方面也是出于各种考虑，既不承认退至台湾的国民党当局所标榜的"全中国""代表性"，又在条约语句上做足文章，让国民党当局和台湾的地位处于一种"是中国，又不是中国"的似是而非、模棱两可状态。因此，日本和台湾的关系，在 1972 年前，呈现出一种十分畸形的政治安排。这种畸形的政治安排，恰恰没有根绝日本军国主义者对台湾的觊觎之心，也没有根绝台湾类似于李登辉这样的人，对于日本的"皇民化"心态，是李登辉一系列媚日言论的国际政治根源所在。

反法西斯同盟国对于远东国际政治秩序的安排，使得台湾归还中国，不仅有着历史维度的正当性，而且具备国际道义的正当性。台湾回归中国，中国复归统一，完全符合远东国际政治秩序，符合二战时期各大战胜国的历史性共识。然而，时过境迁，今天的远东国际政治情势，早已不复当年。李登辉的媚日言论表明，由中国军民用 14 年抗战、3500 万条生命换来的秩序，正在遭受最为严峻的挑战。李登辉的媚日言论，就是试图颠覆二战后远东国际政治秩序的一种尝试。李登辉及其追随者们，为了完成"台独"的操弄，投入国际反华大合唱，与日本国内企图复辟军国主义者同路，用媚日言论配合日本国内破坏和平宪法第九条的行径，企图将台湾作为筹码，谋取自身利益的极大化，甚至不惜以台湾为祭品，再次献上日本军国主义复辟的祭坛！

台湾是中国的台湾，中国是世界的中国，中国大陆和台湾应当一道为世界和平与发展贡献中华民族的智慧与力量。李登辉媚日言论，只是一段世界和平发展和两岸关系和平发展的大潮中，连插曲都算不上的波折。今天，包括台湾民众在内的中国人民纪念抗战胜利暨世界反法西斯胜利 70 周年，正是为了更好地面向未来。好在公义和天道仍存世间，企图颠覆由二战所奠定的远东国际政治秩序，违逆世界和平发展大潮的李登辉们，不仅在两岸不得民心，也必将为全世界爱好和平之士唾弃，淹没在世界和平发展的大潮中！

发表时间：2015 年 9 月 6 日

原文链接：http://www.chbcnet.com/zjps/content/2015 - 09/06/content _ 1169776. htm

台湾应当搭上"Chimerica"的顺风车

　　9 月 25 日开始，中国大陆各大网络媒体的头条，被一则名为《习近平访美中方成果清单》的新闻占据，习近平主席访美的收获以"成果清单"形式公之于众。让观察家们大跌眼镜的是，在习主席访美前，被热炒热议的台湾议题，并未出现在这份成果清单上，中美两国元首在全世界记者面前，也只是将台湾问题与"藏独"、"疆独"、香港事务等打包，一并做出"例行公事"式的表述。再回顾这几天关于习主席访美的新闻，就连马云、周鸿祎、刘强东等互联网大咖的西服样式都能刷爆朋友圈，以往中美交往中不可不谈、一定会谈的台湾问题，却没有了踪影。

　　宽广的太平洋已经容下了中美两个大国，台湾问题不再是中美两个世界大国之间的"飞地"。罗马法谚有云：省略为有意之省略。中美两国元首未必不想谈台湾问题：明年台湾地区领导人选举将近，第三次政党轮替的趋势越来越明显，台海局势面临重大考验和挑战，中美两大国在亚太地区的战略平衡点也可能随之出现偏移。这些都涉及两国的重大利益关切，从政治常理上推断，两国元首至少应当对一个中国框架再形成一次确认性话语，并将之作为两国元首会晤的重大成果之一。但两国元首至少在公开场合以及都认可的成果清单上，没有反映出对于台湾问题的足够关照。台湾地区的政治人物们，应当读懂这一没有关照背后的关照，看明白习近平主席访美在台湾问题上"静默"的重大信号。

　　中美两国有着广泛的共同利益，甚至有着对于全人类的共同使命。相较而言，台湾问题只是中美大格局的一个小插曲和小波折，无法撼动中美继续提升战略合作关系的趋势。从公布的成果清单来看，习主席访美涉及海量的议题，收获了 49 项共识和主要成果，其中既有中美两国对于全球经济成长的承诺与保证，也有中美两国加强更加紧密更加开放合作的安排；既有金融合作、人民币地位、投资保护、知识产权等传统经贸议题，也有卫生合作、能源合作、环境保护、互联网安全等新兴议题；既有中美两国之间的政治、经济、社会合作安排，又包括中美两国对于世界政治经济格局和人类长远未来的共识。这些共识覆盖面广，内容扎实深厚，都充满了中美两国关系健康发展的正能量，体现了中美两国共同的大利益和大格局，也体现着中美两国已经开始携手承担对于全世界和全人类的责任。反观台湾问题，今天讨论的问题和过去十年乃至二十年讨论的问题毫无区别，今天台湾地区政治人物所关心的依然是一党一派甚至一人的小利益、小格局。在过去，台湾或许能够成为撬动中美两国关系的杠杆，今天的中美关系已非十年前、二十年前可比，台湾问题充其量只是中美关系之间的一个小插曲和小波折，是中美关系的搅局者而非助力者，是一股充斥于中美交往大格局的负能量。台湾问题被忽视、被搁置乃至被"消失"，当然在情理之中。

2008 年国际金融危机前后，曾有一个新造的英文单词风靡世界，即"Chimerica"（"中美国"）。这样的新造单词，既体现了中美两国已经成为共同领导世界的大国，又描绘了中美两国密切的经济关系。该词的发明者、美国学者尼尔·弗格森甚至认为，这个词体现了中美两国的共生关系。这种共生关系建立在双方广泛的共同利益和所面对的共同挑战上，这些利益和挑战有的属于中美两国，有的则属于全人类，绝非台湾地区一众政客的"蝇营狗苟"所能比拟。因此，无论台湾地区内部局势如何变化，台湾地区的部分政党如何挑战两岸关系的底线，有一点是台湾地区的政客们必须明白的：试图用挑动中美关系的方法渔翁得利，将台湾的前途命运作为中美博弈的筹码，以换取一党一人的政治利益，是绝不可能成功的！台湾已经不再是政客手中能够翻云覆雨的筹码，因为"Chimerica"早已将台湾抛在了身后。当中美两国积极扩大共识，积累互信，增长利益的时候，台湾却与中美两国关系良性发展的历史大势渐行渐远。究其原因，这并不是中美两国有意为之，而实在是台湾因政治原因自我划界，放弃了曾经近在咫尺的发展机会！更令人遗憾的是，台湾地区的某些政治人物，不仅没有意识到问题的存在，而且为一己之私深化两岸的鸿沟，在自我封闭的道路上越走越远。

考量自身的发展利益和未来前景，台湾不应再以"问题"的面目出现在中美关系的大格局中——如若长此以往，台湾想成为中美两国之间的议题亦不可得。本次习主席访美的成果清单无一项涉及台湾，已经在事实层面做出了回答。台湾地区的政治人物们现在应当做的，是明晰自己在中美大格局中的地位，不再充当搅局者和破坏者，而是顺应中美全方面战略合作的大势，顺应两岸求稳定、思安定、谋发展的民心，继续深化两岸关系和平发展。台湾所能做的，应当是借助与中国大陆特殊的亲缘关系以及与美国因历史原因形成的密切关联，恪守"九二共识"，放下政治上的各种小算盘，搭上"Chimerica"的顺风车，让台湾经济借力再出发！

发表时间：2015 年 9 月 28 日

原文链接：http：//www.chbcnet.com/zjps/content/2015 - 09/28/content _ 1176438.htm

承认"九二共识"是未来台湾参与国际活动的关键

近期，台湾地区所谓"邦交国"将急剧减少的消息引发岛内外各界关注。2008 年之后两岸在涉外领域"和解休兵"的局面似有被打破的迹象。在台湾地区政治局势发生重大逆转的形势下，如何处理台湾对外交往问题，为两岸关系和平发展争取有利的外部环境，维护中华民族整体利益，是事关中国核心利益的重大问题，任何时候都不能动摇一个中国原则和底线。是否承认"九二共识"的核心意涵，是未来台湾方面能否如愿参与国际活动的关键。

"九二共识"既是两岸共识，也是国际社会的共识。"世界上只有一个中国，大陆和台湾同属一个中国"，是"九二共识"的核心意涵。"九二共识"虽形成于两岸事务性商谈的过程中，但"一个中国"的历史事实一直存续。二战后，国际社会尽管有"两个中国"或"一中一台"的杂音，但主流舆论在中国问题上的争议，并不是"一个中国"还是"两个中国"的统"独"之争，而是"谁代表中国"的"代表权之争"。因此，即便是台湾当局占据"中国代表权"席位时，国际社会的主流也未曾对"一个中国"产生质疑或松动。1971 年联合国恢复中华人民共和国合法席位后，一个中国原则成为一项国际性共识，为联合国等主流国际组织和世界主要大国所认可。尽管台湾当局以各种名义参加了一些国际组织，也与世界主要国家发生经贸和社会往来，但其所使用的名称都是符合一个中国原则、符合所参加国际组织规则或所在国法律的功能性或地域性名称，而没有使用所谓"中华民国"或"台湾国"等名义，这样处理符合"九二共识"核心意涵。所谓"台湾代表权"或者"台湾的国际空间"等问题虽被"台独"势力喧嚣一时，但却是从未存在过的伪问题。

从李登辉时代开始，台湾地区积极谋求参加国际活动的意图从"中国代表权"之争，向着凸显所谓"台湾的国家性"和台湾的"国际存在"转变。李登辉、陈水扁两任台湾地区领导人连续谋求台湾地区以"国家"名义加入联合国、世界卫生组织等国际组织，与中国大陆开展"烽火外交"，两岸在涉外事务领域的"外交鏖战"达到白热化的程度。中国国家地缘政治和国际关系因台湾问题而受到牵制，中华民族整体利益也在两岸"外交鏖战"中被虚耗。2008年台湾地区政治局势发生有利于两岸关系和平发展的变化后，两岸在涉外领域实现了事实上的"和解休兵"，台湾地区也以适当名义参与了世界卫生组织、国际民航组织等重要国际组织的活动，保障了台湾同胞在海外的正当权利，维护了中华民族整体利益。这八年间，尽管两岸在涉外事务上偶有摩擦，但总体保持良好态势，这也成为两岸关系和平发展的重要组成部分。

2008年以来两岸在涉外领域的"和解休兵"，恰是以台湾地区领导人对于"九二共识"的承认为前提。无论是台湾地区参与国际活动的前提条件等根本政治问题，还是台湾地区参与国际活动的程度、方式、名义等技术性问题，都贯彻着"九二共识"的核心意涵。这八年两岸在涉外事务领域的"和解休兵"，不能理解为大陆对于台湾方面的妥协和退让，更不能理解为大陆对台湾地区特定政党的"外交礼包"，而是基于两岸对于"九二共识"核心意涵的共同体认，而在涉外事务领域形成的和谐互动局面。台湾地区是选举社会，政党轮替已经呈现出常态化的趋势，大陆对于台湾对外交往问题的态度和政策，已经不可能以特定政党为依归。是否认同"九二共识"核心意涵，是两岸能否继续在涉外事务领域保持和谐互动关系的唯一前提。

由于民进党和蔡英文至今仍未承认"九二共识"核心意涵，"5·20"之后两岸在涉外事务领域的互动关系已经呈现出"扑朔迷离"的样态。一方面，蔡英文从所谓"台湾主体性"的角度，在东海、南海等涉及中华民族整体利益的重大问题上，对境外势力做出让步式承诺，对中华民族核心利益产生严重威胁，另一方面，岛内媒体预测台湾地区在"5·20"前后将迎来"断交潮"，两岸在涉外事务领域将出现"失衡"的局面，2008年以来两岸在涉外领域的"和解休兵"状态极有可能戛然而止，两岸甚至有重回"外交鏖战"的可能。对此，当然要正视岛内部分政治势力和政治人物有关涉外事务的言论和行为，但亦没有必要将一些涉外领域的偶发事件，上升到大陆政策变迁的高度予以解读。

"世上本无事，庸人自扰之"，"5·20"后两岸在涉外事务领域实现"再平衡"的方法其实没那么复杂。只要新上台的台当局领导人大大方方地承认"九二共识"的核心意涵，在涉外领域与大陆携手维护中华民族整体利益，那么，两岸就能够寻找到"再平衡"的着力点，从而长远地维护两岸在涉外领域"和解休兵"的状态。因此，如果台当局候任领导人有着足够的政治智慧，就应当带领民进党回归"九二共识"核心意涵的正轨，为在涉外领域维护中华民族整体利益承担起应尽的责任。

发表时间：2016 年 3 月 22 日

原文链接：http：//www. chbcnet. com/zjps/content/2016 – 03/22/content ＿ 1222886. htm

南海仲裁案的两岸"危"与"机"

南海仲裁案结果出炉后，两岸从公权力机构到民间都高度关注，裁决本身的违法性和荒谬性也为两岸社会所共同指责和抨击。两岸关系在经历变化之后，再度于南海问题上找到共同认知与话语，南海仲裁案再度为两岸提供了危机管控的挑战与机遇。

南海争议是两岸间一个持久不断的话题。早在蔡英文竞选台湾地区领导人之时，就传出以南海利益换取美日等大国支持的声音，引发两岸关注。在南海仲裁结果出炉之前，台湾内部亦传出弃守太平岛的声音。两岸在南海争议上存在着的不同认知，一定程度上加深了两岸在 2016 年之后的信任危机，也为美日等国干涉南海问题和挑拨两岸关系提供了机会。时至今日，南海仲裁案结果不仅令大陆极度不满，而且也引发了台湾的不满。当前两岸面对复杂的南海局势和脆弱的两岸关系，处于"危"与"机"并存的"危机时刻"。

自 2016 年"5·20"以来，民进党当局为实现一党之政治目的，对外与美日迅速贴近，以中华民族整体利益和台湾民众利益作为筹码，与域外大国进行政治交媾，在东海方向和南海方向上演了一幕幕闹剧。然而，南海仲裁案有关否定"九段线"（即台湾地区提出之"十一段线"）地位、"太平岛是礁而不是岛"等要旨，击破了部分台湾人的迷梦：原来这份裁决并未将台湾利益考虑其中，台湾在整个仲裁及争议的过程中，自始至终都是一枚可以随意抛弃的棋子。尽管台湾当局在关于南海仲裁案的声明中，声言南海诸岛及相关海域系"主权"所系，但是从蔡英文和民进党的一贯作为来看，这份声明到底能在何种程度上代表台湾当局的真实意图，又能在多大程度上获得坚持，尚有值得观察的空间。蔡英文和民进党惯有的是"台湾意识"，而不是"中华意识"，民进党方面亦曾有南海问题与台湾无关的意思表示。如若美日开出蔡英文和民进党满意的筹码，后者的政治作为是否会再次出现游移，殊难预料。

再者，南海是中华民族整体利益所系，两岸炎黄子孙对于守卫中华民族固有海域负有共同的历史使命与责任。两岸在维护海权问题上的合作，并未实现实质性突破。即便在两岸关系和平发展的八年间，两岸在已经有着潜在共识的钓鱼岛问题上也未能携手合作，更无相应的合作机制。而在南海问题上，两岸至今尚未建立哪怕是潜在的共识，亦曾因蔡英文的南海表态而发生龃龉，因而两岸南海合作与共同维权之路可能更加不容乐观。两岸恐怕会在南海问题上继续维持"各说各话、自说自话"的尴尬局面，这对于维护中华民族对于南海的整体权益显然是不利的。

不过，南海仲裁案发酵至今，对于两岸又是一次互相试探的机遇。从两岸公权力的相关声明来看，两岸对于南海仲裁结果的态度相当一致，对于仲裁结果都持不认可、不接受的态度，亦从各自角度表达对于南海诸岛及相关海域的权利声索。尽管两岸在南海权利声索的具体表述上有所不同，但这些差异都能够包容进"九二共识"的范围之内，符合两岸民众和中华民族的根本利益，是两岸目前对于南海问题的根本共识。台湾当局对于南海权利声索的政治基础、道义基础和法理基础都来自于中华民族对于南海的历史性权利，也来自于"两岸同属一中"的政治命题。没有对于中华民族的体认，没有对于"两岸同属一中"的认同，台湾方面必须直面政治、道义和法理的诘问。

这一诘问事实上包含着双重面向。一方面，蔡英文和民进党毕竟至今没有承认"九二共识"，而且已经在"台独"的道路上越走越远。对于蔡英文和民进党而言，南海问题可能只是一个细枝末节，而推动"台独"才是其念兹在兹的根本所在。虑及此，台湾当局在南海问题上的表态究竟是"面子工程"，还是真心实意，值得疑问。试想，如果南海问题发酵到一定程度，与"台独"路线发生冲突，蔡英文和民进党必须"二选一"时，其做何选择则真成了一个值得进一步思虑的重大问题。另一方面，按当前台湾当局的表态，从字里行间透露出一些对于民族认同和国家认同的积极态度，如果这一推断能够被更加清晰的表述，那么，南海问题将可能成为大陆与三度政党轮替后的台湾，重建两岸政治信心和发展机遇的起点。南海问题如果能够起到黏合两岸互信关系的作用，甚至为尚未建立基本政治信任感的大陆和民进党之间建立建制化的管道，对于两岸关系当然是一次千载难逢的巨大机遇。

南海仲裁案将一道选择题再次摆在了台湾地区领导人的面前。在"5·20"未完成"九二共识"答卷的台湾地区领导人，应当把握这次机会，向两岸同胞与国际社会，向中华民族先祖及后世子孙交上一篇令人满意的答卷！

　　发表时间：2016 年 7 月 15 日

　　原文链接：http：//www. chbcnet. com/zjps/content/2016 − 07/15/content ＿ 1244920. htm

"两德模式"的虚像与现实

自 1949 年国民党当局退台以来，解决大陆和台湾政治关系定位的理论构想和政策模式就浩如烟海。1990 年成功解决国家统一问题的"两德模式"，在实现了德意志国家复归统一之后，就为岛内外部分人士所津津乐道。时过境迁，"两德模式"已经被淹没在历史的尘埃。大陆方面早已明确表示，"两德模式"不适用于两岸政治关系定位，否定了通过"两德模式"解决两岸问题的可能性。然而，岛内仍有一群人，念念不忘"两德模式"，试图以"两德模式"为蓝本，解释当下的两岸关系。

2016 年 10 月 13 日，被蔡英文提名为"司法院院长"的许宗力在接受台湾地区立法机构质询时再提"两德模式"，称两岸关系类似于"东西德的'特殊国与国关系'"，并认为"'中华民国'的主权并不包容中华人民共和国"。由于许宗力曾经担任台湾地区"宪制性"规定解释的"大法官"，且为候任"司法院院长"人选，亦在台湾地区公法学界享有盛誉，也具有深厚的留德背景，因而他以"两德"类比两岸的论调，很快引发两岸各界的关注和解读。对于许宗力言论的驳斥，论者大多抓住"特殊国与国关系"展开，加之许宗力在 20 世纪 90 年代初期曾撰文谈论"两国论"，几为"两国论"在理论上之滥觞，因而将许宗力此番言论等同于"两国论"论调。

法不诛心。许宗力的政治企图是否是"两国论"暂不讨论，仅从"两德模式"与统"独"的关系，讨论"两德模式"的本质问题。从表象来看，"两德模式"的确能够为两岸"特殊国与国关系"背书：废除"汉贼不两立"的哈尔斯坦主义，联邦德国正视民主德国存在的事实；联邦德国与民主德国相互承认主权，建立外交关系，互设外交机构；两个德国同时加入联合国，共存于国际社会。1972 年，两德签署《两德基础关系条约》，正式定型"两德模式"。看上去，两个德国的确已经是国与国之间的关系，两德除了同属一个德意志民族外，已经与两个国家无异。

许宗力也将"两德模式"简单地等同于"两国模式"，但仔细梳理"两德模式"，可以发现它绝非"两国"所能概括，甚至与许宗力所言的"特殊国与国关系"南辕北辙。

"两德模式"是和解模式、统一模式，而不是对抗模式、分裂模式。"两德模式"的塑造者、联邦德国前总理勃兰特的"新东方政策"，是为了和缓日趋紧张的联邦德国与苏联的关系，是为了填补日渐深重的东西鸿沟，也是为了应对出现严重分离主义倾向的前民主德国。从德意志民族的角度而言，"两德模式"的意义是积极的，它所缔造的基础关系降低了两德的敌意，为两德保留了交往的可能性，也为两德交往扫除了人为障碍，更为德意志民族保留了统一的机会。"两德模式"的最终结果，也是以德国复归统一为结局。对于德意志国家复归统一而言，"两德模式"居功至伟。反观"两国论"，不是为了和缓两岸关系，也不是为了填补海峡鸿沟，更无应对分离主义之虞，而是无端制造两岸紧张关系，加深两岸隔阂，为本已脆弱不堪的两岸关系火上浇油，其目的和意义距离"两德模式"甚远，其始作俑者、提倡者、鼓吹者的胸怀与智慧较之"两德模式"的提出者亦相差甚远！

"两德模式"是系统工程，是一种"以接近求转变"（Wandel durch Annaeherung）的思维，而非简单的相互关系排列组合。在《两德基础关系条约》的安排下，联邦德国与民主德国的交往鸿沟被降低乃至于消解，两德不仅在政治关系上正常化，伴随而来的还有包括经济、人员、理念等层次的交往与融合。经济上，两德在基础关系奠定之后，经济交往开始热络，民主德国成为联邦德国在经互会内的第二大贸易伙伴，联邦德国也成为民主德国仅次于苏联的第二大贸易伙伴。人员往来上，两德的人员交往结束"由西向东"的单向流动，双向互访获得开放。理念上，两德超越意识形态界限，开始从德意志民族整体的高度形成"命运共同体"新理念。"两德模式"里面，更多的是合作交流，没有"南向"，也没有"戒急用忍"，更没有"全力对抗"。许宗力用"两国"攀附"两德模式"，如果不是误解了"两德模式"，就是将"两德模式"进行了随意的曲解。

更为重要的是，即便实施"两德模式"的时期，联邦德国从未放弃对于国家统一的追求。1970 年，联邦德国向苏联政府递交了统一信函，清晰地表明了联邦德国追求国家统一的立场。1972 年两德签署《两德基础关系条约》前夕，联邦德国亦向民主德国方面递交了统一信函，并获得民主德国方面的接受。联邦德国基本法没有承认两德分裂的事实，按联邦宪法法院的解释，两德基础关系的形成，是为完成国家统一的宪法委托所为，与国家分裂无任何瓜葛。至于两德所建立的外交关系，联邦德国内部从未认为这一关系属国与国关系，也不认为两个德国互为外国，而是将两德关系定性为德意志民族内部的特殊关系，自始至终没有承认民主德国的国家地位。

有人会问，"两德模式"这么好，两岸为什么不用？或者为什么不能用"两德"套两岸？2000年2月，大陆发布的《一个中国原则与台湾问题白皮书》已经讲得非常清楚了，无须赘述。国家统一模式没有普世模式，一国有一国之情势，在不同阶段亦有不同的情势和相应的解决办法。中国智慧足以解决中国人内部的问题，合理借鉴外部经验当然是必要的，但无须照搬或者移植某一特定国家的历史经验，更没有必要为特定的政治目的误读外国模式和制度。

发表时间：2016年10月24日

原文链接：http://www.chbcnet.com/zjps/content/2016 - 10/24/content _ 1262245. htm

特朗普时代两岸关系的微观与巨视

　　美国当选总统特朗普的"大嘴"终于忽悠到了两岸。关于两岸关系和一个中国原则的问题，特朗普说了很多与过去美国领导人不一样的话。1979年中美建交以来，美国对于台湾地位和一个中国原则各种"艺术性"的表态，被特朗普搁在一边。一时间，两岸媒体喧嚣不断，任期残余的奥巴马政府连番救火。特朗普时期的两岸关系会否遭遇变局，已经成为各方关注的焦点。

　　从根本上而言，两岸关系是"一个中国"内部的政治对立关系，与域外的美国无涉，但美国在台海两岸扮演着极为特殊的角色，其政治态度对于两岸关系无疑有着重大影响力。正是因为如此，作为即将执政四年乃至更长时间的特朗普，对于"一个中国"的表态，才会引发如此关注。近期两岸媒体对于特朗普言论大抵有三种态度：其一，认为特朗普对一个中国原则并不感冒，"台独"在特朗普时期获得空前"机遇期"；其二，认为特朗普是个"政治素人"，不了解台湾问题在中美棋局中的重要性，也不了解"一个中国"对于中国大陆的底线意义；其三，认为特朗普本质上是个商人，现在"忽悠"两岸议题，是为了提高价码，为以后中美战略层次的讨价还价做好铺垫。任何事物都是力的平行四边形的产物，在这个意义上，不能将特朗普目前的两岸言论在因果关系上绝对化。特朗普之所以会发出类似言论，忽悠成分有之，无知因素有之，真实意图有之，虚虚实实之中试探着中国政府的底线——尽管这种试探未见得是特朗普有意为之。

　　从细节看，特朗普的言论的确是其商人本质的体现。"川蔡通话"更像一个推销员和一个客户之间的通话，而在社交网站上的言论更像是在讨论一件待价而沽的商品。在整个场景中，特朗普只是把蔡英文作为一个大买家，而把"一个中国"视作中美贸易问题的一个筹码。这或许是很多媒体和评论家认为特朗普对于一个中国原则过于漫不经心的原因。政治人物的个性，对于政治人物的决策选择尤为重要。特朗普的商人本质与美国总统这样一个政治性职位兼容度仍有待提升。如同一些学者所分析的那样，待特朗普学会如何当总统后，可能对于"一个中国"之于中国、之于中美关系、之于世界整体格局的底线意义，会有更加清晰的认识。作为"政治门外汉"的特朗普，现在关于"一个中国"的奇谈怪论，或许是他的真心流露，但作为总统，他也必须在一个既定的政治框架内行事。特朗普言论的短期效应或许能激起微澜，但这类近乎"无知"的政治言论，不会对台海关系和中美关系的总体趋势发生任何实质性影响。

从长远看，特朗普的政治态度对于两岸关系的影响却不容乐观。每一任美国总统的执政思路，当然都是以美国利益为中心，但由于美国总统大多经过多年的政治历练，政治的平衡术都操练得精熟无比，在维护美国利益时，也会考虑各方利益的妥协。特朗普作为美国传统保守主义的代言人，视"政治正确"为糟粕，视各类政治规则为草芥，对于美国利益的维护是赤裸裸的，是没有任何桎梏和牵绊的。这也是特朗普敢于发表忽视"一国两制"言论的心理基础。一个更加保守的特朗普，对于中国的遏制，特别是在中美贸易问题上的交锋，会更加不遗余力。一个商人本性的特朗普，会在遏制中国的问题上，寻求更多的筹码。冷战时代，美国"以独制蒋、以蒋制共、以共制苏"的戏码，极有可能在特朗普时代重演升温。两岸话题在美国遏制中国的战略棋局中，会扮演越来越重要的角色。当然，在特朗普看来，台湾的作用是为了美国把中美这盘棋下好、下赢，而不是下砸，因此，台湾必然成为美国的一颗棋子，甚至可能成为弃子，中美大棋局虽有波折，但不至于砸盘。然而，两岸之间却可能因为美国的这些挑衅行为，裂痕更深，两岸已经消磨殆尽的互信，更难获得真正的建构。

特朗普时代的两岸关系，面临着诸多的考验与压力。太平洋两岸的中美关系，仍然对于海峡两岸的大陆与台湾关系起着关键作用。不过，两岸关系在中美关系的大背景下，已经经历了多轮风雨与考验，只要大陆坚持战略定力和底线思维，保持必要的战略压力和战略威慑，两岸关系的航船绝不会因美国个别人的言论而"说翻就翻"。

发表时间：2016 年 12 月 23 日

原文链接：http：//www.chbcnet.com/zjps/content/2016 - 12/23/content _ 1274128. htm

台湾社会的名与实

繁简两相宜 两岸文化交流不设限

近日，在台湾地区颇有影响的台北诚品信义书店以"阅读不设限"为主题，正式设立简体书区，延揽诸多读者驻足品书。台湾知名书店专设简体书区，不仅是为读者提供了一个不设限的阅读视野，而且也更加进一步地在民间层次扩大了两岸文化交流的范围，推动两岸文化交流不设限。

"书同文"，是两岸文化根系相交、血脉相连的重要表征。由于历史的原因，两岸文字发展在 20 世纪 40 年代后出现了"花开两朵、各表一枝"的局面。中国大陆不断推行"汉字简体化"，传统的繁体汉字在中国大陆已经基本上为简体字所取代。台湾地区则保留了以"正体字"为名的传统繁体汉字。汉字繁简本无优劣之分，但由于两岸区隔太久，文化交流几近停止，繁简之争也成为两岸政治对立在文化领域的延续。用繁体的"正体字"，还是简化的"简体字"，成为台湾是否保持中华文化正统的标志，成为台湾是否保持文化主体性的标志。台湾本地媒体多次出现诸如以"简体字舛误多"、"简体书文化入侵"、"繁体中文是台湾利基"为标题的评论。更有甚者，2009 年 1 月，台湾地区领导人马英九提出"识正书简"（即"认识'正体字'、书写简化字"）的主张，被民进党的部分人士认为是"失格"行为，是走向"中国统一的路线"云云。繁简之争被贴上了政治的标签，文化交流被附着上政治的色彩。由于政治原因，台北故宫博物院、部分县市的旅游管理部门，也纷纷撤下了为方便大陆游客阅读设立的，运行多年的简体字网站。

繁体字优美、大气，意之深与形之美高度融合，体现中华文化的深邃与悠远。简体字简洁、流畅，音之韵与书之便完美结合，又能够展现中华文化的求实与质朴。繁简两相宜，共同展现中华文化中的文字之美、文字之韵，都是中华文化在语言文字领域的体现。两者相通互补，相容互交，方可共同延续与促进中华文化，而不是被人为地制造出对立和紧张关系。诚品信义书店专设简体书区的意义也在于此。简体书入台，一则扩大了台湾读者的视域，让更多、更加优秀的简体字书籍能够在台湾堂堂正正地出版，以飨读者；二则让台湾读者感受简体字因便捷所产生的独特魅力，在繁简互补之间更加深刻、全面地理解中华文化；三则为台湾地区其他领域启用简体字起到示范效应，以方便赴台旅游的大陆游客。

繁简互补只是两岸文化交流的一个侧面。众所周知，台湾在相当程度上保留了中华文化的精髓，两岸文化的互补性极强。近年来，两岸文化交流持续热络，"文化中国"的理念获得海峡两岸的高度认同。2011 年，两岸各自保存的《富春山居图》合璧展出，惊世亮相，不仅让分隔两岸的国宝再有合璧复原之日，也让两岸文化的互补性特点显现无遗。近日，存于大陆河北省博物馆的北齐汉白玉释迦牟尼佛身与失散在台多年的佛头合并展出，书写两岸文化互补、共通的又一件盛事。

习近平总书记指出，"两岸同胞一家亲，根植于同胞共同的血脉和精神，扎根于我们共同的历史和文化。这是与生俱来、浑然天成的，是不可磨灭的"。两岸文化的同源性是维系"两岸同属一中"的文化根基，是巩固"九二共识"的文化基础。推动两岸文化大交流、大繁荣、大发展，既是两岸关系和平发展的题中应有之义，是落实"两岸一家亲，共圆中国梦"的必要举措，也是巩固两岸关系和平发展成果的文化维度。如果说深水区的两岸关系谈政治太敏感，谈经济又有诸多现实利益亟须平衡，那么，文化则是两岸间敏感程度最低、共识最大，两岸民众最能接受的领域。两岸文化交流理应成为两岸交往的先行者和拓路者，为进一步积累两岸共识和两岸互信进行文化铺垫。在此意义上，两岸文化交往不应设限，事实上由于两岸文化的互通性，人力也无法为两岸文化交往设限。简体书在台湾繁简之争频仍之时依然入台，已经说明了两岸文化交往的不可逆性。

当前，两岸关系步入深水区，两岸交往正在或即将经历严峻的考验，"文化互通"将与"政治互信""经济互利"一道，成为维持和支撑两岸关系和平发展可持续性的支柱，也将为两岸关系走出深水区提供不竭的精神动力。

发表时间：2015 年 6 月 8 日

原文链接：http：//www.chbcnet.com/zjps/content/2015 - 06/08/content _ 1130138.htm

抵制陆资就是抵制台湾经济的未来

日前，有台湾团体提出，台湾应当警戒来自大陆的"红色产业链"，警惕陆资"入侵台湾"，防止台湾经济的"再度殖民化"。在经济已经高度全球化的今天，台湾岛内面对来自大陆的发展机遇与发展红利，居然仍继续沉浸在"冷战"思维中，抵制陆资，反对台湾与大陆发展更加紧密的经贸关系，无异于自外于大陆经济发展的红利，自绝于世界经济发展的大势。

按该团体说法，大陆通过在台湾的投资，几乎能够将台湾"买下"，从而实现对台湾经济的控制以及对台湾的"吞并"。因此，该团体要求台湾当局停止服贸和有关货物贸易协议的后续谈判，并且严格控制陆资进入台湾等等。

事实上，与"红色产业链"相类，鼓噪台湾与大陆经济保持距离的说辞，已经不是第一次出现在台湾岛内。早在 20 年前，李登辉就曾经提出过"戒急用忍"的主张，要求台商减少在大陆的投资。此举最终断送了台湾建设"亚太营运中心"的道路，也让台湾丧失了 20 世纪最后的黄金发展期。15 年前，陈水扁提出以"南向"代替"西进"的政策，要求台商的投资方向从台湾以西的大陆，转向台湾以南的东南亚。"南向"的最终结果是大部分台商在东南亚无法立足，最终只能撤资。

尽管有"戒急用忍"和"南向"政策的殷鉴不远，但岛内的某些团体似乎并不愿意承认失败或接受教训，在世界经济已经高度一体化，两岸经贸关系持续热络的今天，依然提出抵制陆资的主张，违逆世界大势，必然和当年的"戒急用忍"及"南向"政策一样，碰得头破血流。

众所周知，大陆与台湾同文同种同源，既是血脉相连的命运共同体，也是产业优势互补、经贸往来甚密的利益共同体。大陆对于台商投资连续 30 年给予极大优惠，而且鼓励大陆资本赴台投资。从经济体量和资本需求的角度而言，大陆已经是世界第二大经济体，吸引外资能力和规模位列世界前列。台资对于大陆而言，已经不再如 30 年前那样迫切急需。远离陆资，与大陆经济保持距离，以台湾目前的经济实力而言，对大陆经济甚至构不成任何威胁。相反，已经对大陆有着高度依存感的台湾，才是真正的经济受害者！

经济不同于政治，各地区之间在政治利益上或许各有考量，而在经济层面相互促进、相互合作，则已经成为世界范围内的共识。大陆已经和世界多个国家或地区签署了自由贸易协议，与世界各国各地区的经贸关系越来越密切。在经济上，不仅大陆越来越走向世界，世界也越来越走向大陆。2015年上半年，中国大陆与韩国、与澳大利亚签署自由贸易协议，与美国的自由贸易谈判也正在进行。亚太地区经济一体化步伐加快。在这种背景下，由于服贸协议受阻、货贸协议延宕，台湾不仅失去了与大陆发展更加紧密经贸关系的机会，而且也正在失去积极参与亚太经济一体化的机会。而这一切，并不是大陆对于台湾的刻意打压所致，相反却是台湾某些人的"迫害妄想症"所结的恶果。

再者，凭着"一带一路"和亚投行两大标志性战略，大陆在经济下行压力加剧的背景下，积极寻求新的经济增长极，也寻求与世界分享发展红利的途径。包括英国、法国、德国在内的欧洲发达国家纷纷以创始成员的身份加入亚投行，中亚、东欧、东南亚诸多国家和地区积极参与"一带一路"建设，而台湾却因为各种因素，踯躅不前、左顾右盼，即便面对大陆的善意和邀请，也是推阻再三。与大陆关系本应最密切、最热络的经济体，到头来却与大陆刻意保持距离，甚至不惜放弃近在咫尺的发展红利，不能不叫人扼腕叹息！

在全球经济高度一体化的今天，为何岛内还有人提出抵制陆资、警戒"红色产业链"的奇谈怪论？原因不外乎岛内的一些政党和团体，至今留存着冷战思维，用冷战那一套"防共反共"的说辞，为本党选举利益服务。事实上，即便是所谓"红色产业链"的提出者自己心里也清楚，这套说辞对大陆根本构不成任何损害，其所指向的对象甚至都不是大陆，而是在2008年后主张两岸发展经贸关系的台湾地区执政当局和国民党。所谓"红色产业链"一词，也是这些团体常用的"抹红"手段的体现。这些团体正是利用"抹红"国民党，片面渲染陆资入岛的经济恐怖气氛，挑动民粹，为攫取选举利益和政治利益服务。

在今日之台湾，大陆是最可倚靠和信赖的经济伙伴，也是台湾未来经济复苏和成长的支柱。抵制陆资、警戒"红色产业链"，说到底无非是一场为一己之私所为的民粹化政治操作。它所抵制的不止是陆资，所警戒的也不是所谓"红色产业链",更是台湾经济的未来!

发表时间：2015 年 7 月 23 日

原文链接：http：//www.chbcnet.com/zjps/content/2015 − 07/23/content ＿ 1152167.htm

青年学生是社会发展的目的而非手段

2014 年，台湾地区的"反服贸学运"与香港"占中"将两地青年学生推在了政治的前台。2015 年，这一现象再次令人心悸地出现：在台湾，为"反课纲微调"，台湾学生甚至是还未成年的高中生再次走上街头；在香港，为副校长任命一事，香港大学生冲击校委会，与自己的老师挥拳相向。一年来，在海峡对岸和香江对岸，"学运"都无可置疑地成为政治的主题词，青年学生成为政治的主力军。无论是台湾还是香港，都已经确立了法治的治理方式，持不同政治观点的人士完全可以持保留意见，也可以通过合乎当地法制的方式表达意见。然而，本不应过多卷入政治的青年学生，却屡屡被顶在政治的前线，这不仅破坏了台湾和香港社会的秩序，也损害了青年学生的成长利益。需知，一个社会发展的最终目的就是以青年学生为主体的年轻人，青年学生是社会发展的目的而非手段。

"一国两制"也好，两岸关系和平发展也好，都不是一项权宜之计，而是包含着丰富的长时间因素，所涉及者，不仅仅是现世代的人们，而是涉及几代、十几代乃至于更长世代的人群，因而是具有长期性和跨世代性的事业。现世代的人们终将老去，"一国两制"和两岸关系和平发展的未来、香港和台湾的未来必须寄托于年轻人，也唯有年轻人也能延续"一国两制"和两岸关系和平发展的事业，延续香港和台湾的梦想。

必须承认的是，台湾社会和香港社会也都存在着诸多不利于年轻人发展的因素，年轻人面临着诸多发展障碍，如学历贬值、失业率高、认同感缺失、生活压力大、外来精英冲击本地就业等等。可以说，当前香港和台湾社会前行的成本和压力，在相当程度上是由年轻人承担的。这一年来在香港和台湾发生的学生运动，诱因具有广泛性和多元性的特征，要么涉及两岸事务，要么涉及政治改革，要么涉及教育事务。这些"学运"的诱因虽有不同，但在一定程度上，都是青年学生对于社会压力的宣泄，也表达了绝大部分青年学生对于更加公正、更具正义、更富人道的社会的诉求。这类诉求如果通过合乎法治的途径表达，应当说是完全合理的。但是，如同问题的形成不是一朝一夕一样，上述问题的解决也非一日之功，最终只能靠社会的更进一步发展来解决。要发展就必须有稳定的社会秩序，而"学生运动"的一个严重后果，就是瓦解香港和台湾引以为傲的法治秩序，从而在根本上动摇香港和台湾发展的根基。青年学生所面临的问题不仅得不到解决，反而会因发展根基的丧失而愈加恶劣。

从形式上而言，"学生运动"的自由与无约束，"嘉年华"式的气氛以及对权威者的去权威化，对于青年学生有着相当的吸引力。政治势力也可以凭借学生群体庞大的基数，向执政者施压，意图实现形形色色的政治目的。因此，对于某些政治势力而言，"学生运动"的确是一种极为廉价的抗争方式。但是，学生运动，特别是走向街头的学生运动，不仅破坏了社会秩序，让社会付出过大的代价，而且让参与街头运动的青年学生也要付出巨大的成长代价：第一，让暴力取代公理，成为青年学生解决问题的手段，青年学生在自身诉求无法获得满足时，则会动辄诉诸暴力，从而扭曲他们正在形成的价值观；第二，香港和台湾都是法治严明的社会，两地相关机构也都已经对涉事学生进行提告，一旦涉事学生的行为被确认为违法，则该违法记录将会伴随涉事学生一生，从而对青年学生的成长造成不利后果，甚至贻害终生；第三，顶在阵前的青年学生在政治辞藻破灭后，将沦入进退两难的境地，从而产生巨大的挫折感和极大的身心损害。当今的青年学生自我性和独立性都较强，一旦认识到自己成为别人的工具或手段，此种失落感和心灵伤害是可想而知的。

青年学生情绪较冲动，容易被煽动，这些都是人成长的必经阶段。在这一段时期，社会理应给予青年学生更多的关爱。政治家关心下一代，而政客关心下一次选举。香港和台湾的各路政治人物，应当多思考如何以一名政治家的远见和胸怀引导青年学生走出迷茫，将重心放在如何培育青年学生上，而非将学生单纯地数字化、工具化，当作爬向权力宝座的阶梯。无论在香港还是在台湾，试图在学生运动中获得政治利益、甚至亲身上阵鼓噪"学运"的人士中，不乏已经为人父母的长辈，在如何培养下一代的问题上大约也都有所心得。这些人士中还有相当数量出身教职、甚至目前仍在从事教师职业，"教书育人"这四个字应该是听说过的。作为长辈和教师，理应关心的是后辈与学生的成长，而不是为一己之目的一味教唆与蒙蔽年轻人，将青年学生当作"炮灰",陷其于"街头运动"的泥潭中。

发表时间：2015 年 8 月 4 日

原文链接：http：//www. chbcnet. com/zjps/content/2015 - 08/04/content _ 1156459.

htm

未来民进党当局与台湾
民意没有蜜月期

尽管还有十余天，但蔡英文作为"准领导人"已经开始频频干预台湾地区政治、经济、外事等各方面的事务，连带准行政机构负责人林全及一干即将上任的准负责人们已经提前进入角色，对仍在执政的马英九当局甚至是两岸事务指指点点。这种提前进入角色的底气，来源于民进党在年初领导人选举和民意代表选举中的大胜，也来自于"太阳花学运"和"九合一"选举以来，台湾民意对于国民党执政团队的失望。但是，蔡英文及其团队的咄咄逼人和急切的上位心态，并不能给她带来新的民意加持，相反，在一系列重要事件和台湾整体经济形势的压力下，蔡英文已经开始透支台湾民意。可以预见，"5·20"之后，蔡英文当局将直面台湾民意的拷问，与台湾民意没有蜜月期！

一般而言，由于选举民意的延续效应和新领导人所勾勒施政蓝图的宣传效应，台湾地区领导人在上任后，会保持一定的民意热度，与民意会共享一段稳定的蜜月期。这段蜜月期是领导人与选民关系比较融洽、选民对领导人比较信任的时期，也是领导人施展执政理念的"黄金期"。然而，蔡英文可能无法享受这种与民意的蜜月期和执政的"黄金期"。胜选后的种种举动，特别是对于中国大陆"民粹式"的反弹，造成台湾在国际社会和内部事务问题上的不断被动，是造成蔡英文过早与民意断裂的重要原因。

2008年后，两岸在国际社会秉承"和解休兵"的大战略，在不违背一个中国原则的前提下，携手参与国际事务，共同维护中华民族整体利益。台湾也得以通过合适身份参加各项国际事务，维护台湾民众利益。然而，两岸在国际社会"和解休兵"之大前提是台湾方面承认"九二共识"的历史事实和核心意涵。民进党方面至今没有承认甚至是否认"九二共识"，蔡英文以"中华民国宪政体制"模糊应对之，导致两岸在国际社会"和解休兵"基础丧失。尽管蔡英文还没有正式上台执政，但她的"蔡式模糊"已经在岛内大行其道。冈比亚与中华人民共和国恢复外交关系、台湾代表被逐出国际钢铁会议、台湾仍未收到参加世界卫生大会的邀请，等等，都已经表明台湾的"国际空间"已经堪忧。而蔡英文和一众民进党立法机构民意代表在日本扣押台湾渔民问题上，置台湾渔民权利不顾，而是或暧昧裹足，或缄默不语，又让很多台湾民众寒心。

选举社会，政党的分合与上下都十分正常。台湾选民选择民进党和蔡英文，也寄托了台湾民意对于民进党和蔡英文带领台湾走出困局的希望。然而，2016 年胜选后，民进党和蔡英文念兹在兹的，不是缓解台湾所遭遇的经济社会困局，不是积极谋划带领台湾经济重新启航的方略，更不是如何继续推进两岸关系和平发展，让台湾享受更多的发展红利，而是裹挟民粹，无端挑动两岸矛盾，与其他"台独"分裂势力相互唱和，制造所谓"废国父""反陆客""两岸协议监督法制化""重审服贸"等议题，又在电信诈骗案遣返等两岸焦点议题上挑动民粹，让两岸关系和岛内政局几乎重回陈水扁执政后期"闹哄哄"的局面。

与国际社会遇冷、两岸关系降温、岛内政局纷乱相对应的，是台湾持续低迷的经济。更令人忧心的是，这种持续低迷的经济在可见的未来看不见复苏的希望。据台湾媒体报道，台湾经济在 2016 年一季度同比下降 0.84%，连续三个季度呈现同比负增长。不仅出口、投资不及预期，而且在传统优势产业电子制造业上也是受挫连连。在经济如此低迷的情况下，岛内"独派"势力却提出了"反陆客"的声音。殊不知，陆客不仅直接在台消费，而且拉动台湾相关产业，已经成为台湾经济链条上最为重要的一环。2016 年大陆传统的五一黄金周期间，陆客赴台游减少三成，"赴台游"在 2008 年后空前遇冷。这种局面受损的，绝不是中国大陆，而是台湾已然脆弱的经济！而这些责任，毫无疑问应当由鼓噪"反陆客"、人为制造两岸关系紧张的民进党、蔡英文以及其他"独派"势力承担！

还未上任的蔡英文和民进党，就已经给台湾积攒了如此之多的负能量，而"跃跃欲试"的准执政形象，恐怕给台湾民意留下的，可能仍是过去恶质"街头民主"的劣根印象。2000 年以来，"八掌溪事件"和"八八水灾"成就了台湾新执政当局的"风灾禁忌"，也是新执政当局民意拐点的初现。不过，这一届的蔡英文当局恐怕撑不到彼时，其所裹挟的台湾民意就已经在其一系列失当举措中耗尽！真到那时，台湾民意又会何去何从，恐怕又需要蔡英文和民进党作一番思量！

　　发表时间：2016 年 5 月 6 日

　　原文链接：http：//www. chbcnet. com/zjps/content/2016 - 05/06/content _ 1231145.

htm

"小确幸"的虚像与现实

"小确幸",是近年来风靡港澳台地区的一种生活方式和生活态度。从起源上来讲,"小确幸"源自日本知名作家村上春树的随笔集《兰格汉斯岛的午后》,其意指"微小而确定的幸福"。村上春树恰恰也是笔者十分喜爱的一位日本作家,读罢《兰格汉斯岛的午后》,一种淡淡的幸福感扑面而来。正如毕业于辅仁大学的台湾歌手陈思函所唱的那样:"一个人有一种幸福,晴天漫步雨天跳舞",或许这种感觉在旁人看来不值一提,但身在其中的人的确能够感受得到那种幸福的暖意。

"小确幸"的虚像

"小确幸"本是一种生活态度,村上春树能够为将洗净的内裤整理齐感到幸福,陈思函能够为一个人在雨天漫步感到幸福,普罗大众也能够为早起一杯新鲜的豆浆而感到幸福。生活中的"小确幸"本无关政治,更无关统"独"。然而,这种"小确幸"在台湾却变了味道。在岛内各路人们或明或暗、或无意或有意地引导下,"小确幸"成为一种符号,这种"符号"被引向了中国大陆,至少在客观上为"台独"论述提供了支撑。

"小确幸"将国家与个人彻底分开,造成台湾部分群体的政治冷感。"微小而确定的幸福"只在两人之间或一人独享,"小确幸"因而与国家无关。国家统一和民族复兴,个人未见得能够分享红利;国家统一和民族复兴的事情,在"小确幸"们看来,是"肉食者谋之",而与己无关。远离政治,享受个人的喧嚣或静谧,成为"小确幸"们的人生追求。在"小确幸"价值观的导引下,本已厌倦政治的部分台湾群体,主要是台湾青年群体,更加疏远政治,政治冷感加剧,对于国家统一和民族复兴的责任感也随之消散。

"小确幸"试图弥补台湾与中国大陆在经济文化实力上的落差,用意识形态的话语"去意识形态"。随着中国大陆政治经济实力和国际影响力的不断提高,台湾与中国大陆的差距越来越大,台湾对于中国大陆的心理优势也在失去,对大陆的感情也逐渐复杂起来。"小确幸"的出现,为台湾部分群体"解构"中国大陆对于台湾的优势提供了借口。"小确幸"的生活价值和生活方式,成为展现台湾优势的口号,而某些台湾"清新派"作者所谓生活价值的鸡汤美文,也为"小确幸"们所追捧。一时间,"小确幸"成为台湾自我麻痹的借口,成为失败者的辩护词。生活价值和生活方式取代经济发展,成为台湾部分群体在中国大陆找寻自信的标签。

"小确幸"刻意降低了"台独"的危险度,也降低了台湾民众对于"台独"的危机感。"台独"意味着什么,或许台湾民众心中是有数的。但是,这种后果在"小确幸"们看来却并不是那么可怕:当战争来临时,和爱的人躲在防空洞中,大概和在大雨时躲在雨伞下是同一种感觉。"小确幸"将"台独"的严重后果想象成浪漫的事情,战争在"小确幸"们看来,或许并不是那么可怕。"台独"危险度的人为降低,也随之降低了台湾民众对于"台独"的危机感和遏制"台独"分裂活动的紧迫感,"小确幸"至少在客观上为"台独"情绪在台湾部分群体中的蔓延起到了推波助澜的作用。

"小确幸"将中国大陆树立为危害"小确幸"的假想敌,民粹化的台湾民意在"小确幸"中寻找依归。无疑,"小确幸"的一个主要针对对象是中国大陆,"你国"话语在台湾的流行,表明"小确幸"已经将中国大陆假定为"小确幸"最大的敌人。"你国"虽大,但容不下"小确幸",两岸长期隔绝所造成了误解和曲解,在"台独"分裂势力的进一步渲染下,被"小确幸"放大。在"小确幸"中,中国大陆就是干涉台湾"小确幸"的最大敌人,维护台湾"小确幸"的价值观,就必须与中国大陆进行切割。"逢中必反"的民粹在"小确幸"依归,"小确幸"也成为台湾民粹化民意的渊薮。

"小确幸"的现实

"小确幸"的故事让笔者想起了中国大陆作家魏巍的名篇《谁是最可爱的人》。《谁是最可爱的人》在结尾处,也颇具有"小确幸"的气象:"亲爱的朋友们,当你坐上早晨第一列电车驰向工厂的时候,当你扛上犁耙走向田野的时候,当你喝完一杯豆浆、提着书包走向学校的时候,当你坐到办公桌前开始这一天工作的时候,当你往孩子口里塞苹果的时候,当你和爱人一起散步的时候……朋友，你是否意识到你是在幸福之中呢？你也许很惊讶地说：'这是很平常的呀!'"然而，没有"最可爱的人"，这些幸福可能都是遥不可及的梦想。

"小确幸"的倡导者们恰恰忘记了这最重要的一点："小确幸"不是无前提的"小确幸"，忽略了"小确幸"的前提，"小确幸"就是无根之木，无源之水。观察"小确幸"价值观在台湾盛行的时间段，恰是两岸关系和平发展的新时期。在两岸关系和平发展的大势之下，两岸一改 1949 年以来"文攻武吓"的局面，和平发展之风吹遍两岸。台湾部分民众在享受两岸关系和平发展所带来的和平红利和发展红利时，也逐渐习惯了这来之不易、得之尚浅的和平发展新局面，两岸"文攻武吓"的紧张态势被一些人淡忘了。

"小确幸"的泛滥，就是这种淡忘的负面效果之一。和平发展的春风吹醉了台湾部分群体，"小确幸"被这部分群体认为是自然而然之事。一方面，这些群体享受着两岸关系和平发展带来的种种红利，成为两岸关系和平发展的受益者；另一方面，这些群体又将种种的不如意归咎于两岸关系和平发展，或者否定两岸关系和发展的根基。在"小确幸"的论述框架中，社会制度、国家统一都让位于生活价值，"一个中国"成为与己无关的宏大幻象，"两岸统一"更是虚无缥缈的政治工程。部分台湾民众在"小确幸"中自我麻痹和沉醉。事实上，没有"九二共识"基础上的两岸关系和平发展，就没有台湾的"小确幸"，"九二共识"是两岸关系和平发展的根基，也是"小确幸"的前提。

"九二共识"是台湾生存和发展的基础。很多人或许会认为，"九二共识"是两岸的政治共识，管的是两岸的大事，而"小确幸"这种"微小"的事，"九二共识"是不是管不了这么细。这样的想法的的确确是忽视了"九二共识"对于台湾的重大价值和意义。"九二共识"不仅管着两岸的大事，也管着台湾的小事，是台湾民众维持现有生活价值和生活方式的前提。"九二共识"缔造的和平发展局面，为"小确幸"提供了政治保证；"九二共识"形成的两岸大交往格局，为"小确幸"提供有利融通的社会环境；"九二共识"营造的两岸互利共赢经济格局，又为"小确幸"提供了可资维系的经济条件。"小确幸"最盛行的时代，正好是两岸关系和平发展的时代，这并不是一种偶然，台湾"小确幸"的生活体验是"九二共识"的必然结果，是"九二共识"的产物！部分台湾民众将"小确幸"想象成为自然而然的生活价值，而忽视和误解了"小确幸"的时代背景，这是颠倒因果，完全错误的！需知，没有"九二共识"所缔造的两岸关系和平发展良好局面，台湾无处安放"小确幸"们的闲情逸致。"九二共识"是因，在"九二共识"之下，台湾民众大可以自由选择各自偏爱的生活方式，"小确幸"们是"九二共识"的果，而不是独立于"九二共识"的存在。

不承认"九二共识"，否定"两岸同属一中"，两岸关系和平发展的大好局面就会丧失。"小确幸"们赖以存续的环境不复存在，"小确幸"也将成为明日黄花。对此，台湾各群体，特别是青年群体，应该有清醒的认识，应推动"九二共识"在台湾成为一项社会性普遍共识，推动台湾地区再次出现有利于两岸关系和平发展的政策变化，为台湾真正的幸福创造有利的环境！

发表时间：2016 年 5 月 10 日

原文出处：载《两岸视点》2016 年 5 月号

蔡英文言论是"民意台独"的启动宣言

在南海仲裁案余音仍未散去的关键时刻，蔡英文交上了"一份不合格的答卷"。在接受《华盛顿邮报》采访时，蔡英文亮出了其两岸政策底牌，首次对"九二共识"、台湾地区政治地位等敏感议题进行了回应，引发两岸舆论关注。蔡英文是真的拒绝"九二共识"了么？是已经明确宣布"台湾是一个独立国家"了么？稍有常识的人都清楚：这些问题是大陆的逆鳞和底线，蔡英文一招不慎，对于台湾的前途命运和两岸的和平发展都会带来无法恢复的影响。蔡英文团队在社交网站上公布了采访稿的中文译本，对一些引发高度关注的表述进行了略微地调整和修饰。但是，英文原稿犹在，蔡英文说出去的话已经表露出她的内心所想。蔡英文已经开始在民进党长期鼓噪的"文化台独""法理台独"之外，开始将其在"5·20"讲话中体现的"民意台独"主张予以实质性落实。蔡英文的此番言论就是"民意台独"的启动宣言。

蔡英文在采访中多次将"民意"祭出，作为现阶段不接受"九二共识"、抗拒两岸关系和平发展的托辞。对于台湾的前途，蔡英文也表示希望大陆方面尊重台湾的"民意"。回溯至两个月前蔡英文的就职讲话，亦将"台湾民主原则及普遍民意"作为台湾地区新当局发展两岸关系之政治基础的元素。在蔡英文的两岸论述中，"民意"占据着突出的位置。民进党作为一个至今不承认"九二共识"、以推动"台独"为己任的政党，在理念和政策层面，已经将"台独"的路径从"法理"转向了"民意"。

"民意台独"内涵为何？蔡英文为何会在此时将"民意台独"摆上台面？事实上，"民意台独"是民进党长期以来"台独"理论论述和政治操作的重要一环。如果说"法理台独"是"台独"在法理层面的宣言和确认，"文化台独"是为"民意台独"聚拢民意基础的关键，那么，"民意台独"就是在"文化台独"基础上实现"法理台独"的程序性步骤。按台湾地区的相关规定，没有"民意"的呼吁与表达，没有"民意"所产出的一份法理文件，"法理台独"未免有些名不正言不顺。正是由于民进党自认为在陈水扁时期已经确立了"法理台独"的目标，而多年的"去中国化"宣教配合有着明显"台独"色彩的"社会运动"又积累了相当的"台独民意"，民进党在台湾政坛的全面执政以及蔡英文在领导人选举中的高票数，又似乎印证了所谓"台独民意"的存续。蔡英文大约也认为"民意台独"的时机已经到来，于是遵循台湾地区领导人一贯利用外媒采访来表达两岸政策主轴的传统，将"民意台独"从沙盘推演直接开始付诸实践。

但是，有一点必须厘清：蔡英文和民进党所谓的"民意"，未见得是台湾的"真民意"。蔡英文的"民意"是经过选择的"台独民意"。"台独""反中"在台湾民粹化的舆论氛围下，越来越演变为岛内的一种"政治正确"，能发声的大多是在"台独"民粹化操作下的声音，台湾民众求稳定、思安定的心理，对于两岸关系和平发展的期盼，以及对于岛内政治经济乱象的担忧，被民粹化的"政治正确"淹没，成为"沉默的多数"，或者被扣上"不爱台湾""亲中卖台"的帽子，被"过滤"出"民意"行列。控制了立法机构的民进党，已经开始策动对"公民投票法"进行修改，将作为"台独"防水闸的"双过半"门槛改为"简单多数"。如果这一修法活动成功，就意味少部分"台独"群体的意志就可以在法理上代表台湾的整体意志，从而为完成"民意台独"提供制度化路径。

用"文化台独"和"社会运动"营造"民意台独"的舆论氛围，用"公民投票法"的修改建立"民意台独"的实现路径，再用"法理台独"表达和确认"民意台独"的成果。"民意台独"贯穿起民进党和蔡英文现阶段的"台独论述"，已经成为岛内"台独论述"主轴。蔡英文接受《华盛顿邮报》采访，只是其用于表达这种"台独论述"的机会。蔡英文在采访时发表的言论，未见得严重到公开宣称拒绝"九二共识"，也未见得严重到公开宣称"台湾独立"，但距离这些也仅剩一步之遥。这"最后的一步"就是如何通过对于"民意"的操弄，实现其"台独"目的。在这个意义上，蔡英文已经借由这次的采访言论，喊出了"民意台独"的宣言书，开启了"民意台独"的实质性步骤。

南海仲裁案让蔡英文有了一次做选择题的机会。在太平岛法律属性的问题上被"打脸"后，蔡英文不是痛定思痛，回到民族大义的轨道上，完成"未完成的答卷"，反而是献上了一份旨在向域外大国邀宠、令域外大国满意的"答卷"。在东亚局势因美国部署"萨德"反导系统、南海仲裁案等异常复杂紧张的关键时刻，在两岸已因为"雄三误射""网络社交网站大战"以及"陆客受难"等事件影响而互信严重受损的敏感时期，蔡英文发表如此不符合两岸关系和平发展大势，甚至带有较强挑衅色彩的言论，其火中取栗的目的已经昭然若揭！

两岸关系在蔡英文亮出"民意台独"的底牌之后，是继续维持当前"冷和平"的状态，还是向更加紧张的状态恶化？真到启动《反分裂国家法》相关条款之时，两岸的主流民意恐怕就不再是民进党和蔡英文能够操弄的游戏了！

发表时间：2016 年 7 月 26 日

原文链接：http://www.chbcnet.com/zjps/content/2016 - 07/26/content _ 1246904. htm

港澳治理的喜与忧

新澳门模式助力两岸关系和平发展

8月31日，崔世安先生高票连任澳门特别行政区第四任行政长官，各方贺信纷至沓来。在众多贺信中，来自台湾地区陆委会和澳门"台北经济文化办事处主任"卢长水的两封贺信在出人意料的同时也引发高度关注。两封贺信中，除例行地祝贺崔世安先生本人外，更表达了对于澳台加强合作的期望。澳门，这一曾经在两岸交往史上占据重要地位的濠江明珠，再次走到两岸关系的聚光灯下。人们有理由期待，以深化两地合作为核心的新澳门模式，将继续助力两岸关系和平发展。

澳门模式曾经在两岸交往中起到了特殊的作用。早在1995年澳门回归前，台北航空运输商业同业公会与澳门航空公司就达成《台澳通航协议》，两岸有关部门负责人均以顾问身份参与其中。本协议缔造了澳航以"不换航班、只换班号"直飞大陆的"间接直航"模式，开创两岸空运直航先河。1999年李登辉抛出"两国论"以及2000年台湾地区政党轮替后，由于执政当局拒不接受"九二共识"，为两岸交往人为设置障碍，导致两岸已经开启的"两会模式"无法正常运行。在两岸事务急需但又无法循正常途径推进时，澳门模式应运而生。所谓澳门模式，即两岸在澳门透过"行业对行业""团体对团队"的模式，由公权力授权、民间团体操作、官员戴上民间白手套的方式进行商谈。经由澳门模式，两岸有关部门负责人以"同业公会""交流委员会"等名义开展商谈。2005年1月15日，两岸在澳门达成以"双向、对飞、多点、不落地"的方式进行当年春节包机直航的共识，为两岸正式的空运直航探索出了一条"包机直航之路"。澳门，在两岸交往不畅的历史时期，成为两岸微妙的沟通节点与通道。

时光流转，今天的两岸制度化商谈机制已经打通，作为两岸中介的澳门模式已经不再需要。但是，这并不意味着两岸交往已经不再需要澳门因素。今天的两岸关系和平发展已经步入深水区，两岸交往的阻点再现，在这样的条件下，新澳门模式的缔造，对于两岸关系和平发展将赓续传统，继续发挥特殊而又重要的作用。

新澳门模式示范"一中框架"下两地公权力的交流与沟通。澳台两地公权力交往频繁，台湾地区在澳门设有"台北经济文化办事处"，澳门在台湾也设有办事处，此一两地互设办事处的形式与名义，堪为两岸在"一中框架"下互设办事处借鉴。两地政治人物与高层官员互有来往。2010 年 9 月 2 日，澳门在台北举行澳门周活动，澳门特区政府社会文化司司长张裕访问台湾，考察台湾中医药产业、文化创意产业、旅游产业等与澳门经济适度多元化相关的产业。2013 年 8 月 27 日，台湾地区陆委会负责人王郁琦访问澳门，并拜会特首崔世安先生，两人以正式官衔相称，也为日后两岸事务负责人会晤时互称正式官衔提供了示范。

澳台两地在"一中框架"内的公权力交往，为"一中框架"内两岸的公权力交往，起到了正面示范作用。新澳门模式以两地合作为核心，成为"一中框架"内两地事务性合作的典范。1967 年"一二·三"事件后，亲台势力基本上被逐出澳门，两地关系亦随之进入"冷冻期"。时至今日，尽管"冷冻期"早已结束，但澳台在经贸、社会、文化等方面的交流，仍难谈热络。两岸关系和平发展的新澳门模式或许已经不再需要澳门的中介作用，但仍需要澳台两地在事务性合作方面的示范作用。澳门受限于地域和传统，一直存在产业结构单一的问题，而中医药产业、文化创意产业等，恰恰是澳门为经济适度多元化而力推的主打产业，在此方面，台湾有着丰富的经验和成熟的产业链，两地完全可以就此方面开展合作。此外，两地在司法合作和共同打击犯罪等方面，也是大有可为。在两岸交往因"服贸风波"暂时受阻的情况下，澳台通过两地合作，推进两地全方位关系发展，让包括台湾民众在内的世人看到两岸合作的实际利益，对于增强两岸事务性合作的信心、增强两岸关系和平发展的信心，都有着极为重要的典范作用。

从两岸中介到两岸示范，新澳门模式让两岸关系和平发展的种子在澳门继续生根发芽，我们也有理由相信，类似于 2000 年后澳门模式在两岸之间的桥梁作用，新澳门模式的缔造，也将为两岸探索走出深水区搭建一座新的桥梁。

发表时间：2014 年 9 月 4 日

原文链接：http：//www.chbcnet.com/pl/content/2014-09/04/content_940511.htm

极端民主主义贻害无穷

普选行政长官是一座戏台，在这座戏台上，香港各色人等扮演了各自的政治角色，其中不乏以"民主"代言人自居的人士粉墨登场。行政长官普选，实现香港历史上从未有过的一人一票选举，不仅是香港回归以来民主发展之里程碑，也是自香港开埠以来最大之民主成果。中央与港人携手共举此等民主伟业，对于香港政改及"一国两制"都有重大意义。但是，这种于国于港于民均有重大民主利好的举措，在一些自诩为"民主派"的人士眼中和笔下，却被贴上"专制"的标签。

防止陷入极端民主主义的泥沼

为何存在如此大的认识落差？盖在于反对派中的部分人士对于民主的理解和标准界定令人费解，已经陷入极端民主主义的泥沼。第一，极端民主主义的表现之一，是将少数政治派别的利益泛化与扩大化，以少数利益是否满足作为判断民主与否的标志。民主是一种决策机制，科学的民主以服从多数、尊重少数为圭臬，服从多数是民主能够作为决策机制的根本。但是，在反对派的一些人看来，服从多数并不重要，甚至连尊重少数亦可不必，关键是要满足自己的派别利益，公然提出：反对派能够"入闸"，是试验候选人不受"不合理"限制的标准。按照这种逻辑，反对派能"出闸"，即为真民主，反对派如不能"出闸"，则为专制。如若是，那何必要普选，让反对派人士直接成为特首不就是最大的民主了？

第二，极端民主主义的表现之二，是动辄滥用街头民主，以街头民主向管治当局施压，而罔顾法治。民主离不开法治，民主应当是法治基础上的民主。具体到香港，谈民主不能离开基本法和香港各项法律，不得破坏香港的社会秩序。脱开法治谈民主，无异于缘木求鱼。可惜的是，与法治格格不入的街头民主（"占中"），被一再作为向中央施压的手段使用。"占中"的发起者之一戴耀廷提出，一旦人大决议的方案不符合"国际标准"，便会"一波接一波"地发起抗争行动，以表不满；真的发动"占中"时，将会不时评估社会反应以调整策略，例如对运动感到同情抑或反感，以及参加者一旦被捕后对整件事的看法，都会影响"占中"运动的策略，云云。这一表述不仅重提以非法治的"占中"为要挟，甚至连"参加者一旦被捕"的情节都已有设想与预案，已经完全符合极端民主主义的特征。极端民主主义的主张者以破坏社会秩序和损害绝大多数港人利益为代价的街头民主，实现一党一派一人的政治目的，这种民主因而是破坏性的民主，而不是建设性的民主。不必远观，乌克兰和泰国是近期来街头民主成功的典范，但其后果已经世所公知，如果此一幕不幸在香港重演，责任完全应当归咎于极端民主主义的主张者。

民主：服从多数　尊重少数

民主是人类共同认同的价值，但各国各地区实现民主的方式不同，有以选举为核心的代议民主，有以商谈为核心的协商民主，有以自治为核心的社群民主，各种民主形式、民主程序被世界各国杂而用之，并无统一、明确的"国际标准"。但这些民主的共同特征，就是符合人的基本理性，都能够做到服从多数、尊重少数，都能够在法治的轨道之内。极端民主主义同极端宗教思潮一样，都是将自我的意志最大化，将非法治的手段常态化，因而其后果与极端宗教思潮一样，都是反秩序、反国家的。因此，极端民主主义既不是"国际标准"，最终与民主也会背道而驰。对于香港而言，可能不会有极端宗教思潮的问题，但极端民主主义以民主的名义浮现，同样贻害无穷。

发表时间：2014 年 9 月 4 日

原文链接：http://paper.wenweipo.com/2014/09/04/PL1409040008.htm

澳门谱写"一国两制"精彩华章

2014 年，注定在"一国两制"和国家统一的发展史上留下深深的印记。

这一年，台湾地区再现街头运动，两岸关系的"深水区"以令人心悸的方式得到了直观的体现。临近 12 月，认同"九二共识"的政党在台湾地方公职人员选举（"九合一"选举）中惨败，具有浓厚"台独"色彩的民进党大获全胜，"一国两制"在台遭遇严峻挑战。

这一年，香港出现严重破坏基本法和特区宪制的"占中"运动，"香港民族""民主独立"等过去从未听闻的"港独"思潮开始"登堂入室"。"一国两制"在香港经受住了回归以来最艰巨的考验。

这一年，澳门回归 15 周年，也是特别行政区制度和基本法在澳门实施 15 周年，虽亦偶现波折，但"一国两制"在澳门"风景独好"，展现出了迷人的魅力和别样的精彩。

澳门，或许是人们讨论"一国两制"时最容易忽视的一块土地，在 2014 年这样一个"一国两制"的关键年份，站在了"一国两制"大舞台的中央，成为推进"一国两制"和国家统一的聚焦所在。

实现与内地深度融合　发展了"一国两制"理论

"一国两制"无疑是国家统一的理论。但是，如果仅仅将"一国两制"理解为国家统一理论，则是收窄了"一国两制"的理论内涵。香港、澳门的回归，并不意味着"一国两制"的历史使命在港澳问题的论域内已经结束。"一国两制"在香港的实践告诉人们，实现"一国两制"已属不易，坚持和维护"一国两制"更是任重道远。

台湾、香港和澳门，都由于历史原因形成了不同于祖国大陆（内地）的政治体制、社会制度和文化价值。隔阂、误解与偏见造成了祖国大陆（内地）与港澳台地区的人心落差。实现土地的回归需要"一国两制"，实现人心的回归也需要"一国两制"。人心回归，就是要在立足一国、尊重两制的基础上，实现社会融合。"一国两制"不仅是国家统一理论，更是社会融合的理论。在通过"一国两制"实现与内地社会的融合方面，澳门无疑做出了表率。

中央和内地省份支持澳门经济适度多元化，澳门大学新校园在毗邻澳门的横琴建设，内地游客赴澳门自由行有序开展，以澳门为平台的中国－葡语国家经贸合作论坛顺利举行，珠海澳门区域一体化"新鲜概念"迭出，澳门已经成为港澳台三地中与祖国大陆（内地）关系最密切、合作最友善、融合最紧密的地区。澳门用她的亲身实践，扩展了"一国两制"的理论内涵，也让"一国两制"充满了新的活力。

探索与内地合作新形式　助力国家治理现代化

国家统一固然立基于民族情感、历史情结、文化纽带和政治互信，但也需要通过一系列的制度安排来加以实现和维护。可以说，能否找到最合适的方式实现和维护国家统一，是检验一个国家治理体系和治理能力是否现代化的标准之一。在此意义上，"一国两制"既是国家统一的战略与策略，又是国家治理的战略与策略。

在探索维护国家统一的具体实现形式方面，澳门再次站在了时代的潮头：珠澳跨境工业园及其跨境管理的创新模式，为内地与澳门的区域一体化开拓了新渠道；CEPA 与《粤澳合作框架协议》构建澳门与内地区域合作制度框架，为依法推进内地与澳门区域合作的治理体系和治理能力现代化助力；中央授权澳门特别行政区依法管理澳门大学横琴新校区，为管辖权跨域转移以及澳门"借地发展"提供了有益的先例；港珠澳大桥的创新性项目治理结构，又为海峡两岸暨香港、澳门实施重大事务合作开辟了新的治理机制。

在"一国两制"的框架内，内地与澳门不断探索促进两地合作的新形式和新机制，大胆先行先试，有力地推动了澳门经济适度多元化，推动内地与澳门形成更加紧密的全方位合作关系，推动"一国两制"在澳门向纵深发展。

加强与内地民间交往　促进民众心灵契合

"一国两制"关注主权统一和管治权的相对分离，但"一国两制"并非仅仅只关注权力。"一国两制"以中华民族根本利益为依归,以海峡两岸暨香港、澳门民生福祉为目的,具有深厚的权利意蕴在内。推进民意的跨域融合,对于在港澳地区维护和巩固"一国两制"、在台湾地区探索和实现"一国两制",都尤为必要。国家统一更重要的是心灵契合,民众之间若能以心相交,"一国两制"方可成其久远。

澳门通过独特的社团机制,为民众之间的心灵契合提供畅通渠道。澳门社会是社团社会,社团治理是澳门社会治理的最大特征。社团在澳门实践"一国两制"的过程中发挥了独特的作用。澳门社团已经成为澳门社会聚焦民意、表达民声、整合民力的重要机制。社团社会是"一国两制"澳门模式的重要组成部分,也是"爱国爱澳""澳人治澳"的具体表现形式。

除助力澳门社会治理外,澳门社团与内地社团亦呈现出热络互动的局面,成为内地与澳门两地开展各层次交往,尤其是民间交往的主要途径。内地与澳门的民意在两地社团交往的推动下,跨域融合稳步推进。

"一国两制"的澳门故事表明:"一国两制"既是宏大叙事的国家战略,也是体贴入微的生活常态;"一国两制"不是权力冷冰冰地排列组合,而是一种心灵相交的人文精神。澳门,让"一国两制"的人文精神获得了充分的体现。

澳门回归15年来的成功实践,既证明了"一国两制"、成就了"一国两制",也发展了"一国两制"、丰富了"一国两制",谱写了"一国两制"的精彩华章。

也是在2014这一年,中共十八届四中全会提出全面推进依法治国的治国理政新战略,其中提出依法推进"一国两制"和国家统一的新战略,法治将成为实现和维护"一国两制"和国家统一的新利器。依法构建国家统一的治理结构,运用法治思维和法治方式实现和维护"一国两制",是"一国两制"发展的最新里程碑。在此方面,澳门已经形成了可推广、可复制的制度典范,为进一步融通内地与香港、加强两岸关系和平发展制度化提供了重要参考。

"一国两制"在重大考验之年,人们有理由对澳门寄予更多的期待,而澳门也有着足够的担当,为"一国两制"的再出发助力。

发表时间:2014年12月19日

原文链接:http://www.chbcnet.com/pl/content/2014－12/19/content＿1024137.htm

"一国两制"需要政治家式的担当

　　意料之中，香港"泛民派"利用立法会三分之一多数的优势，否决以全国人大常委会"8·31决定"为基础的"政改方案"。情理之外，建制派的大多数立法会议员缺席最终的投票。

　　建制派议员匪夷所思的行为，一石激起千层浪，在大众传媒上的吸睛效应甚至超过立法会否决"政改方案"本身。所谓"造越位失败"论有之，"回避投票"论有之，"技术错误"论亦有之。无论何者，从旁观如我者来看，都是钻研政治谋略技巧过甚所致，缺乏政治家式的担当，欲弄巧反成拙，最终既搬起石头砸了自己的脚，也陷"一国两制"在香港于空前之不利境地。

　　实现"一国两制"，探索"一国两制"在香港、澳门和台湾的具体实现形式，需要海峡两岸暨香港、澳门拿出政治家式的担当。习近平总书记多次指出，我们所追求的国家统一不仅是形式上的统一，更重要的是心灵契合。心灵契合需要以诚相待、以心相交，心灵契合是诚心、真意的契合。曾任海基会副董事长的许惠佑先生也以两岸谈判为背景提倡"多一点诚意与信任、少一点权谋策略"。如何做到"诚"与"真"，除了宏观的政策与制度配合，微观的民间互动与交流外，政治人物的品性无疑是极为重要的部分。

　　与香江对岸的戏码同时开演的，还有海峡对岸的励志剧。出身贫微，以"砖"自喻的洪秀柱，凭借小辣椒的韧劲，从国民党内的"B咖"女子超越一众"A咖"男人，代表国民党出战2016领导人大位角逐。为何"红砖"能变成"蓝玉"？洪秀柱敢于担当起一个政治人物对于台湾、对于两岸关系和平发展的历史使命，敢于直面"台独"、直面国民党内弊政有着莫大的关联。

　　细读让洪秀柱超越"防砖"门槛的中常会讲话，尽管某些提法和政治立场与大陆存在差异，但能够读出洪秀柱对于国民党两岸政策的反思，对于台湾民主民粹化的忧虑，对于国民党面对"台独"声音踟蹰不前的痛心疾首，也能读出她对于两岸关系和平发展的担当与决心。洪秀柱的政治经济观点未见得完美，民生福祉政策也未见得成形，大部分台湾选民甚至未来得及了解她的政治思路与主张，但大部分台湾人都看到了一个政治家式的担当。洪秀柱通过"防砖民调"的数据，与其说是台湾民众投给洪秀柱本人，不如说是投给了一份久违的政治担当！

反观国民党党内的一众男性"A 咖"大佬，最后悔的恐怕是朱立伦。本来已经成为包括大陆在内的各方属意的国民党未来之星，代表国民党竞逐2016 大位的不二人选，面对去年"九合一"的惨败和蔡英文的如虹气势，朱立伦没有像一个政治家一样挺身而出，挽狂澜于既倒，而是策略性回避，试图"以退为进"，以"2016"换"2020"。而习惯于躲在幕后火中取栗的王金平，恐怕也在失去"征召"可能后，丧失了最后的机会，开始慢慢地"宋楚瑜化"。

对于 2016 大位和党内权力角斗思虑过甚，权谋策略的运用过于娴熟，缺乏台湾历史与现实，对于两岸关系和平发展长远利益缺乏政治家式的担当，用已经在政治场被磨圆的心思权衡、斟酌、考量，反而是误了卿卿前程。如若不是洪秀柱自甘"以砖引玉"，国民党恐怕又得哀叹"忽喇喇似大厦倾，昏惨惨似灯将尽"，"百年老店"关张之日也不久远。

从香港政改大幕开启之日，香港建制派就没有一位政治人物如同洪秀柱一般，能够拿出政治家式的担当。从头至尾，全国人大常委会"8·31 决定"对于香港长治久安之意义，就没有一位建制派人物说清楚，甚至没有一位建制派人物从"一国两制"在香港实践的高度去思考。目光所及，要么是劝人"袋住先"，充满了以退为进式的策略考量，要么是指责"泛民派"挑动民粹，将香港普选的政治大道变成党派游戏。到投票之日，建制派议员也无一人有勇气敢于从香港长期繁荣稳定、内地与香港共同发展共同繁荣的高度，论及接受政改方案之意义，更无人敢于直指"泛民派"所谓"民主"亦与民进党所谓"民主"一样，已经成为对抗内地 13 亿人民的工具。

对于个人前途和党派利益思虑过甚，对于政治利益斤斤计较，不敢发声，不敢投票，不敢亮明自己对于香港前途和"一国两制"事业"虽九死而不悔"的支持态度，反而玩起了纸牌屋式的政治操弄，忽视了政治之大道所在。香港政改受挫的责任当然主要在无视港人长远利益的"泛民派"，但建制派诸君亦应承担历史性的责任。从此意义而言，洪秀柱一介女子，不仅让一众台湾男子汗颜，也足以让一众香港男子汗颜。

"一国两制"是政治的大道。在香港和澳门维护"一国两制"，在台湾探索"一国两制"的具体实现形式，不需要政客，也不需要技术官僚，而是需要真正胸怀一国、心忧本土、勇于直言、敢于担当的政治家。少一点权谋算计，多一点坦诚相待，更多一点面对"台独""港独"等形形色色思潮的勇气，"一国两制"的事业，海峡两岸暨香港、澳门民众的福祉，才能真正获得长远可期的保证！

发表时间：2015 年 6 月 21 日

原文链接：http：//www. chbcnet. com/zjps/content/2015 - 06/21/content _ 1138137. htm

"二·八"绝不是香港版的"二·二八"

2016年2月8日，丙申猴年的大年初一，香港旺角发生了街头暴力事件。近似的时间（"二·八"和"二·二八"）、相同的起因（无证商贩）让这起发生在台湾"二·二八"事件近70年后的事件，被某些群体有意或无意间与"二·二八"事件进行类比，甚至隐然有将其操作成为"'港独'图腾"的企图。然而，正如香港特区政府的定性，"二·八"旺角街头暴力事件是一场不折不扣的"暴乱"，绝不是香港版的"二·二八"。

旺角街头暴力事件，是一起香港本土分离主义团体制造的暴力事件，其本质是违反香港法治的严重暴力违法行为，已经受到香港主流社会的强烈谴责和批判。这起街头暴力事件自有其由来：一直盘旋在香港的本土分离主义势力，在经历了"驱蝗运动""反国民教育"及至"占领中环"等社会运动之后，已经公开表露出"港独"的倾向。借助着"香港本土意识"的外壳，"港独"势力从策动静坐、请愿、罢课到组织占领街头、围攻内地游客，再到发动大规模街头暴乱，已经逐步从一般性违法团体，演变为一个有着极端倾向的组织。从早期"香港城邦论"，再到香港大学学生会主办之《学苑》出版的"香港民族命运自决"和"香港民主独立"两期专号，"港独"的理论体系已经浮出水面。"港独"逐渐从一种隐秘的只言片语，变成一种不可忽视的社会思潮，"港独"势力也在理论准备和组织形态上逐渐定型。那么，"港独"从一种社会运动的组织者，到政治舞台的表演者，还需要什么呢？

"港独"的操弄手法其实并不新鲜。从"民主独立""国族认同"等理论建构，再到"街头运动"的行为模式，"港独"对"台独"甚至已经有些亦步亦趋。"港独"现在所欠缺的，就是一个图腾，一个类似于"二·二八"之于"台独"的图腾。在"台独"分子看来，"二·二八"是"本省人"对"外省人"的抗争，是"台湾国族"反抗"外来政权"的先声。"二·二八"被国民党残酷镇压，让"台湾国族"再次蒙上了悲情的色彩，也让来自于中国大陆的国民党和"国民政府"背负了"原罪"。每年的"二·二八"不啻民进党的节日，民进党通过不断地揭"二·二八"伤疤，刺痛台湾人心，以获取选票资源。而国民党除了道歉还是道歉，只能道歉，根本不可能有任何辩驳的空间。

"港独"所需要的，正是这样一个图腾。如果能够就此将旺角暴力事件贴上"香港人"对抗"内地人"的标签，能够将之作为"全民起义"的起点，能够使其成为反抗"港共政权"的标志，那么，一个香港版的"二·二八"图腾也就呼之欲出了！这绝不是作者的臆测。香港大学等八所港区大学学生会在事后发表的声明，已经提出了"全民起义，以武制暴除污名"的口号。然而，"港独"的算盘打错了！

首先，"台独"的"二·二八"图腾就是一个伪命题。台湾学者王晓波认为，"二·二八"事件既非台湾人民要求独立，亦非本省外省的族群冲突，而是两岸隔阂太久又因吏治腐败与民生凋敝所引发的民乱事件。根据两岸学者的共识，"二·二八"事件产生的原因，归根到底是两岸长期隔绝产生的相互误解，以及台湾人民对于祖国的情感期待与现实利益之间的落差。据当事商贩林江迈之女回忆，国民党军警并非如后世传闻一般是去查抄其母的烟摊，而是准备向其母购买香烟，只是双方语言不通而导致误解，最终引发冲突。而国民党接收当局的贪腐行为，也加剧了台湾人民的反感。这些都与所谓的"台湾国族""省籍冲突"无关，更不是"外省人"压迫"本省人"所致。"二·二八"事件之所以被"台独"分子树作图腾，一是"台独"分子长期歪曲、误读所致，二是因为台湾高阶职位长期为随国民党去台的外省人占据，阶层矛盾被"省籍矛盾"所掩盖。

其次，"二·八"旺角暴力事件与"二·二八"事件完全不同。"二·八"旺角违法暴力事件，既非内地与香港长期隔绝的误解所致，也非内地压迫香港发展所致。"二·二八"事件发生在台湾光复一年半之后，台湾与大陆在甲午战争后隔绝已经50年，期间两岸并无多少往来，而香港回归已经接近20年，足以消弭两地隔绝造成的不了解和误解。中央一再对香港释放利好政策，维系香港国际金融中心地位，推动香港经济社会发展，亦不存在"压迫"情势。"二·八"旺角暴力事件，在根本上是香港本土分离主义势力，在通过静坐、示威、街头运动乃至围攻内地游客等一般违法手段无法达到其政治目的后，开始转向极端暴力手段的一场暴乱！这场暴乱从行为到后果，在任何法治社会都应当被严惩不贷！近日以来，香港主流社会已经表达了对旺角暴力事件的谴责和不满，这也说明，"港独"和暴力在香港不得人心！

　　香港和台湾一样，都是因历史遗留问题而形成的一个中国框架内的特殊区域。"一国两制"这个为台湾设计的制度创举，由于历史的机缘首先适用于香港。香港理应成为"一国两制"的示范区，为"一国两制"在台湾的适用树立典范。"台独"已经撕裂了台湾社会，让台湾社会趋向民粹化，而且在自我封闭的道路上越走越远。香港现在应该做的，是依法严惩暴乱分子，遏制"港独"思潮的蔓延，继续推动与内地的经济社会融合发展，向台湾展现"一国两制"的特殊优势，弘扬"一国两制"的正能量！

　　发表时间：2016 年 2 月 16 日

　　原文链接：http：//www. chbcnet. com/zjps/content/2016 – 02/16/content ＿ 1216371. htm

勿用暴力安放"香港本土意识"

农历年初一，本土激进势力参与的旺角暴乱事件，让"本土意识"的话题再次浮现。从学理上而言，"本土意识"是一个包容度极强的用语，"香港本土意识"因而也是一个十分庞杂的体系。在"香港本土意识"中，既有体现香港精神、能够凝聚香港社会"爱国爱港""爱乡爱土"情怀的本土意识，也有刻意突出所谓"香港主体性"甚至滑向分离主义乃至"港独"的"本土意识"。如果刻意将内地作为本土意识所针对的"他者"，借此挑动两地对立情绪，甚至制造暴力事件，香港社会的祥和、有序和宁静也将被打破，香港有可能就此陷入无法自拔的暴力泥沼。

"本土意识"并非分离主义

片面强调"本土意识"的分离主义并非是香港独有的现象。由于分离主义在世界各国家和地区都无法占据主流民意，发声的途径和影响力呈现出逐渐减少的趋势。但一个社会的主流无法接纳分离主义。分离主义在主流社会的衰微，导致其借助合法甚至一般违法行为也无法达到政治目的时，通过街头暴力、纵火、暗杀、绑架、制造大规模杀伤事件、爆炸等方式，引发社会恐慌情绪和恐怖气氛，以谋求和保持影响力，为达到分离主义的政治目的服务，已经成为很多国家分离主义势力的最终走向。世界各国和各地区对于极端化、暴力化的分离主义势力，都采取政治、军事、法律、经济、舆论等措施，给予不遗余力的打击。

从总的趋势来看，世界各国和各地区的分离主义势力，都呈现出式微的趋势。

真正的"香港本土意识"不是分离主义的意识，而是产生于香港民众"反殖"的意识，是香港人为香港发展不断拼搏的意识，也是以遵行法治为圭臬的意识。

回头看旺角暴乱事件的起因。维护街头小贩利益，固然被作为将暴力

"正当化"的说辞,但是这种说辞事实上与香港历次社会运动中的说辞别无二致,都是一种借机"捍卫香港本土独特性"的具体形式。事实上,"港独"势力所张扬的各种旗帜,捍卫香港本土独特性都被标榜为其出发点,这也是"港独"势力的某些言行能够博取一部分港人同情的原因。但是,随着暴力手段的采用、敌对情绪的扩大,香港社会的主流社会逐渐意识到,所谓"本土独特性"已经成为"港独"的托辞,"本土意识"也逐渐民粹化,成为构建"港独"理论的核心范畴。

依法严厉惩处旺角暴乱

对于"香港本土意识"的民粹化解读,将导致香港认同的紊乱,甚至导致"香港本土意识"成为没有本体内涵的概念空壳,演变为一项长久的政治议题。这个议题的焦点并不是它能否获得解决,而是它会成为撕裂香港社会的政治红线,成为被随意张贴的政治标签,成为对香港"爱恨情仇"的政治标准。

一旦"香港本土意识"民粹化的闸门被打开,暴力的洪水将吞噬香港的根基。以基本法为基石的香港法治也会随之被破坏。基本法甚至可能成为被攻击、被颠覆和被取消的对象,而建构在基本法基础上的香港法治当然也可以被漠视、被破坏。若如此,香港据以立城的法治根基将会沦丧,真正属于"香港本土意识"的法治精神将被反噬。以保护"本土独特性"为名的"港独"势力,所谓"护城"的口号会导致"毁城"的后果。

暴力无法安放"香港本土意识",它只会侵蚀并最终毁灭真正的"香港本土意识"。"香港本土意识"是属于乡土的意识,与国家、民族和政治无关。它只能是中华母体文化之下的地方意识,中华文化才是"香港本土意识"真正的安身之所。从对"香港本土意识"正本清源的高度来看待旺角暴乱事件,唯有依法严厉惩处一途,以防止旺角暴乱事件为"香港本土意识"的更加民粹化乃至极端化、暴力化开启恶例!

发表时间:2016 年 2 月 26 日

原文链接:载《大公报》2016 年 2 月 26 日,http://news.takungpao.com/paper/q/2016/0226/3284634.html

"香港本土意识"向何处去

　　"这还是那个香港么?"农历丙申年的大年初一,可能会有很多人的脑海中会形成这样的问题。2014年9月,由"行政长官普选方案"引发的香港"政争",最终演变成一场街头运动。而这一年多以来,香港的各种社会运动层出不穷,各路人马轮番上演,终于在一个本应祥和的日子,演变成一场"暴乱"。无论是街头运动,还是旺角的这场暴乱,背后涌动着的,是诸如"香港本土意识""香港民主化""香港民族"乃至于"香港独立"等意识形态色彩浓厚的话语。如果去除这些意识形态话语之前的"香港"前缀,这些意识形态话语在一个中国框架内,一度是专属于"台湾"的表述。如今,海峡对岸的戏码还未演罢,香江对岸的闹剧已经开演。"港独",这一本不应属于香港的意识形态话语,已经从一种隐秘的只言片语,演变成为一股社会思潮、一种理论体系和一场政治运动。"反水客""驱蝗运动""占领中环""旺角暴乱"以及现在还无法断言和预测的事件,改变了过去我们所熟知的那个法治、有序、繁荣的香港。"香港本土意识"从哪里来?"香港本土意识"将向何处去?"香港本土意识"应当是什么?这些都是值得人们思考的问题。

无处安放的"香港本土意识"

　　从学理角度而言,"本土意识"是一个包容度极强的用语,"香港本土意识"因而也是一个十分庞杂的体系。在"香港本土意识"中,既有体现香港精神、能够凝聚香港社会"爱国爱港""爱乡爱土"情怀的本土意识,也有刻意突出所谓"主体性"的本土意识。[①] 对于"香港本土意识"的论述由此包括两种论述方式:一种是将殖民者视为"他者",另一种是将中国内地视为"他者"。由于历史形势的变化,前者逐渐被后者所掩盖,本土意

---

　　① 祝捷:《"民主独立"的台湾故事与香港前路》,载《港澳研究》2015年第2期。

识指向的对象从殖民者变成了中国内地，开始沦为分离主义者谋求"港独"的口号。如果说"香港本土意识"的实质是一种乡土意识，那么，这种乡土意识在发生意义上，是一种没有乡土的乡土意识。由于香港政局稳定、社会富足、环境自由，从开埠的 19 世纪中叶到 20 世纪 80 年代，香港成为中国内地移民（难民）的涌入目的地。大多数移民的本来身份和认同，并未随着来港而消除。相反，大多数移民对于香港的认同感不足，仅仅是将香港视为"大环境"里的救生艇，认为自己只是在香港暂住，待内地局势明朗或稳定后，便会返回老家。① 由于香港社会的原住民较少，且至今没有成为一股独立的社会力量，因而大多数香港本地居民的祖辈或者父辈甚至自己就是来自于内地的移民。这种特殊的移民社会使得"香港本土意识"并没有太多的"乡土情怀"。与其说"香港本土意识"是一种植根于乡土的眷念情愫，不如说是一种人为建构的产物，尽管这种构建在原生意义上并非是刻意的。

1949 年后，中国内地和港英当局都加强了香港的边界管治，内地居民已经不能随时迁入香港。边界的隔离加速了香港社会结构从移民社会向住民社会的转变，"香港人"的概念也在住民社会的转型中逐渐生成。1961 年的人口普查表明，出生在香港的本地人已经超过全港总人口的一半，香港居民已经开始摆脱移民色彩，大部分香港居民不再与内地分享共同的集体记忆。②

内地的政治变动对于香港居民来说，也不再如过去那般感同身受，而是只是发生遥远"外部世界"的一则新闻而已。与中国内地失去联结，又无法建立殖民者认同，"香港人"的概念陷入被学者称为"双重不可能性"的自我悖论之中。③

20 世纪 70 年代的一系列社会运动，是"香港本土意识"逐渐确立的推手，也是"香港本土意识"逐渐复杂化的推手。对于战后出生的香港居民，内地已经成为注定回不去的远乡，香港才是"生于斯，长于斯"的家园。摆脱了移民心态的香港居民，一方面乐于建设和维护家园，另一方面则开始向殖民当局积极主张民权。诸如"中文运动""反贪污、捉葛柏""金禧事

---

① 吕大乐：《从港人身份认同看回归十年》，载《同舟共进》2007 年第 7 期。
② 黎熙园、姚书恒：《60 年来港人身份之惑》，载《文化纵横》2010 年第 6 期。
③ 周蕾：《写在国家之外》，牛津大学出版社 1995 年版，第 94 页。

件""公务员薪酬运动"等一系列社会运动的风起云涌，推动香港居民走出政治冷漠，形成了"以香港为家"的本土意识。香港居民觉得自己生活在一个经济快速发展、政府高效管理、行政相对廉洁、政治开放自由的环境中，与彼时贫困封闭的中国内地形成鲜明对比。在"去内地化"的同时，"香港本土意识"中的反殖色彩也由于港英当局的"柔性殖民"政策而被消磨。"香港本土意识"所指向的对象，也越来越明确地从殖民者开始转向有着意识形态之"夷夏大防"的内地。

无疑，香港回归和中央重建对香港的管治，让曾经的意识形态"假想敌"变成了真实的管治者。"香港本土意识"彻底地从"去殖"意识转向"反中"意识。以"反23条立法""反国民教育"和"占中"三场指标性的社会运动为代表，在对抗中央管治的社会运动中，香港本土意识被重新演绎，"解殖"的话语被"分离"的主张所代替，"中国"从"他者之一"变成唯一的"他者"。而在"自由行"暴露的两地习惯和理念的差距，又被刻意地政治化和放大，部分香港居民对内地游客及至内地的耐心逐渐耗尽，排外情绪高涨，内地与香港的对立情绪加深。这种背景下，越激进的思潮，越能够在香港获得"政治正确"的舆论高地。一个香港版的"民主独立"故事通过大众媒体和网络媒体传播开来，中国内地承担了"香港非民主化"的全部"罪孽"，"港独"成为香港民主的唯一选择。"香港本土意识"中最为极端的部分——"港独"——被释放出来了！

开始走向极端的分离主义

"港独"是"香港本土意识"中最为极端的部分。这种"极端"在一开始仅仅表现在理念和思想上，而当理念和思想的"极端"向着行为延伸时，"港独"这种分离主义思潮也开始演变为一种极端主义，甚至有可能滑向恐怖主义。

作为一种思潮，分离主义并非专属于香港。就中国而言，新疆、西藏、台湾均有着分离主义存在，对应着的"疆独""藏独"和"台独"也都成为一股势力。而在世界范围内，英国、西班牙、俄罗斯、加拿大等都面临着类似的问题。这些国家对于分离主义势力的打击从来都是不遗余力的。在政治、军事、法律、舆论和经济等手段的打击下，分离主义在世界各国都不能占据主流民意，发声的途径和影响力也呈现出渐次减小的趋势。分离主义势力在主流社会的衰微，导致其通过合法手段或一般违法手段已经无法达到分离的政治目的，从而只能走向极端。当一个社会的主流不能接纳分离主义时，分离主义除了消亡外，唯一的路径就是走向极端化乃至恐怖化！通过街头暴力、纵火、暗杀、绑架、制造大规模杀伤事件、爆炸等方式，引发社会恐慌情绪和恐怖气氛，以谋求和保持影响力，为达到分离主义的政治目的服务，已经成为很多国家分离主义势力的最终走向。

在中国，"疆独"和"藏独"不为新疆和西藏的主流社会所接受，从而走向了暴力极端，甚至走向了恐怖主义，而"台独"在台湾社会颇有市场而成为一股能够登堂入室的政治势力，没有极端化。在世界范围内，分离主义势力，特别是不顾主流民意、固执坚持分离观点的极端分离主义势力，最终走向暴力恐怖主义，已经成为世界各国的普遍现象。如以北爱尔兰独立为目的的爱尔兰共和军在英国承认爱尔兰南部独立后，开始转向暴力活动。实施刺杀英国政要、平民以及武装袭击驻北爱尔兰英军基地等活动，造成包括英国知名政治家蒙巴顿在内的近3000人死亡。又如以西班牙巴斯克地区独立为目的的"埃塔"，从1959年开始策动巴斯克地区与西班牙分离，并逐渐发展为危害整个西班牙社会的、以暴力从事分裂活动的组织。至2011年宣布停火为止，"埃塔"的暗杀、绑架和爆炸等恐怖手段造成了近千人死亡。

有人会说："香港到不了那一步，香港毕竟是一个法治社会！"然而，请不要忘记：千里之堤毁于蚁穴。旺角暴力事件已经为暴力开了一个头，或许只是一个开头！如果说"反23条立法""反国民教育""驱蝗运动""占中"等合法的或一般违法手段已经无法让"港独"势力达到其政治目的，甚至引发香港主流社会的反感和质疑时，走向极端和恐怖主义，几乎是"港独"势力可以预见的未来了！至于"法治"，香港影视剧中经常出现的一句台词："香港是一个法治社会"，但是，看过的人都知道，说这句话的一般是反角。软弱的法治，不仅没有能够阻挡分离主义势力，反而成为分离加速的助推器，这也是香港法治最大的悲哀和无助！

也有人会认为"港独"的极端化和恐怖化有些危言耸听、言过其实。君不见香港大学学生会主办的杂志《学苑》在2014年9月号出版专刊《香港民主独立》，其中刊文《谈军政、看港独》一文，喊出了"香港武装独立"的口号，并对香港可用于对抗中央的"军力"进行了估算。据该文估算，香港可以动员5万至6.6万男性人口组成武装力量，并可装备"中型武备"，以对抗驻港部队的军力。该文还异想天开地提出拉拢内地军政官员，策动"两广独立"，以作为"港独"的屏障和奥援。① 这种所谓"武装独立"的口号和对香港"军力"的估算当然毫无根据，也无任何可能性，但是，这种口号和估算的存在本身，已经说明"港独"势力对于通过非和平方式达到政治目的已经有了充分的理论准备和思想预期。通过非和平方式达到"港独"的目的，已经成为"港独"势力的选项之一。

再看旺角暴力事件发生后，在香港特区政府已经给事件定性为"暴乱"、全港主流舆论谴责暴乱分子之时，香港大学等港区八所院校的学生会发表声明"撑暴乱"，提出"全民起义，以武制暴除污名"的口号。一些香港社团和群体，已经开始从倡导"真普选"转而倡导"真暴动"。"港独"走向极端化和恐怖化，不仅有着理论上的预备，而且已经具备了初步的组织形态。需知，本次在旺角制造暴力事件的本土团体"本土民主前线"已经不止一次在街头制造事端了！而在本次事件中，违法暴徒更是能够做到统一佩戴口罩并持有长棍、盾牌等装备，有统一的命令和口号，有车辆来回运送物资，能借助国外社交网站线上线下密切互动，这些都表明旺角暴力事件并不是一次偶然事件，背后有着完整的组织予以支撑。有理论，有组织，"港独"势力的极端化和恐怖化还有什么不可能?!

"香港本土意识"的正本清源

再回头看旺角暴力事件的起因。维护街头小贩利益，固然是一种将暴力"正当化"的说辞。但是这种说辞事实上与香港历次社会运动中的说辞别无二致，都是一种"捍卫香港本土独特性"的具体形式。事实上，"港独"势力所张扬的各种旗帜，捍卫香港本土独特性都被标榜为其出发点，这也是"港独"势力的某些言行能够博取一部分港人同情的原因。但是，随着暴力手段的采用、敌对情绪的扩大，香港社会的主流会逐渐意识到，所谓"本土独特性"已经成为"港独"的托辞，本土意识也逐渐民粹化，成为构建"港独"理论的核心范畴。

"香港本土意识"的民粹化，已经将"香港人"臆造成一个族群的概念。还是那本《学苑》杂志，事实上已经在 2014 年 2 月号提出了"香港民

---

① 甄健华：《谈军政、看"港独"》，载《学苑》2014 年 9 月号。

族"的概念。"香港人",这个本应属于地域的概念一旦被"族群化",它的针对对象将毫无疑问的是"香港人"本来的归属——"中国人"。一旦"香港人"和"中国人"的这种二元对立关系在香港被建构起来,在台湾正在发生的族群撕裂戏码将在香港再度上演。彼时,恐怕中国认同、后殖民时代的认同、内地移民的认同、本土的认同以及"香港民族"的认同会叠加起来,造成香港认同的紊乱,甚至导致"香港本土意识"变成没有本体内涵的概念空壳。"香港民族"也会成为一项长久的政治议题。这个议题的焦点并不是它能否获得解决,而是它会成为撕裂香港社会的政治红线,成为被随意张贴的政治标签,成为对香港"爱恨情仇"的政治标准。

"香港本土意识"的民粹化,还有可能将基本法推向"外来宪制"的位置,从而成为"港独"势力预设的一个假想敌。事实上"港独"势力已经开始将中央政府称为"中国政府",将中国内地与香港的关系称为"中港关系",将特区政府称为"港共政权"或"傀儡政权"。基本法的"外来化",将导致基本法成为被颠覆、被取消的对象,而建构在基本法基础上的香港法治当然也可以被漠视、被破坏。如若如此,香港据以立城的法治根基将会沦丧,真正属于"香港本土意识"的法治精神将被反噬。以保护"本土独特性"为名的"港独"势力,所谓"护城"的口号会导致"毁城"的后果。

"香港本土意识"的民粹化,是"港独"势力走向极端的温床。避免"香港本土意识的"更进一步民粹化,还原"香港本土意识"的本来面目,已经成为当务之急。正如前文所述,"香港本土意识"是一个包容性极强的概念,"港独"势力以之作为构建"港独"理论的基石。然而,"香港本土意识"的故事还可以有另外一种讲法。从相对中性的角度,"香港本土意识"可以理解为香港居民对于香港这片土地的归属感。港人热爱自己所处的城市,这不仅是人之常情,也是香港这座城市能够得到良好发展的关键所在。"香港本土意识"勃兴的年代,恰是香港经济社会飞速发展的年代,这两者之间并不存在绝然的因果关系。既可以说香港经济社会发展改变了港人的移民心态,推动港人的住民化,也可以说正是港人的拼搏精神成就了香港经济社会的发展。而港人之所以愿意为自己所生活的这片土地去拼搏、去奉献,这种拼搏精神来源于港人对于香港这片土地的归属。总之,"香港本土意识"应当是港人在历经磨难、历经坎坷后的观念意识,无论是"反殖"还是"建港",都与港人对于香港这片土地的热爱有着密切的关联。"香港本土意识"所表达的,当且仅当是"生于斯、长于斯"的港人对于本乡本土的热爱，而绝不是一种分离主义的意识。被"港独"势力所利用的本土意识，只是一种被歪曲甚至被刻意误读的"本土意识"。

去民粹化的"香港本土意识"，归根到底是中华母体文化之下的一种地方意识，构成香港作为中华一分子的存续基石。"香港本土意识"本应是港人对于香港朴素的情怀，与政治无关，更与"民族"无关。为"香港本土意识"附着上其无法承载、也不具备的各种政治光环、"民族"缠绕的"港独"势力，如果不是臆造了香港的历史，也是歪曲了香港的历史，注定要被碾压于香港与中国内地融合大潮的车轮之下！

发表时间：2016 年 4 月 8 日

原文链接：载《中国评论》2016 年 3 月号，http：//www. crntt. com/doc/1041/3/8/0/104138031 _ 2. html？ coluid＝7&kindid＝0&docid＝104138031&mdate＝0425151201

"港独"：注定无法实现的虚幻思潮

从 2014 年的"占领运动"到 2016 年年初的"旺角暴乱"，从蜂拥而起的社会运动到"香港民族党"等一众以"港独"为名的政治团体，从针对内地游客的"驱蝗""反水客"等运动到煽动内地与香港的"族群对立"，一个新词"港独"开始流行于内地和香港的舆论空间。作为一种谋求"香港独立"的社会思潮，"港独"已经从隐秘的片言只语，发展成为一种理论体系，甚至已经形成了一定的组织形态。"港独"从何而来，现在安放何处，又将向哪里去，这些问题都值得关心"一国两制"和香港前途的人们所关注。

从"反殖自治"到"港独"思潮

"港独"思潮源自"香港本土意识"。"香港本土意识"是一个十分庞杂的体系，其中既有体现香港精神、能够凝聚香港社会"爱国爱港""爱乡爱土"的本土意识，也有刻意突出所谓"香港主体性"的本土意识。在"香港本土意识"中，前者的本质是一种"解殖"意识，殖民者是本土意识的"他者"，而后者的本质是一种"分离"意识，中国内地是本土意识的"他者"。在百年演进的过程中，"香港本土意识"的"解殖"面目逐渐模糊，而"分离"渐次成为主题词。

事实上，"香港本土意识"是一种没有乡土的乡土意识。从开埠的 19世纪中叶到 20 世纪 80 年代，香港成为内地移民（难民）的涌入目的地。大多数移民的本来身份和认同，并未随着来港而消散。香港对于移民而言，毋宁是大环境中的"救生艇"。由于香港社会的原住民较少，因而大多数香港本地居民的祖辈或者父辈甚至自己就是来自于内地的移民。早年移民们"北望神州"的心态，导致香港这个移民社会没有太多的"乡土情怀"。"香港本土意识"，与其说是一种植根于乡土的眷念之情，不如说是一种人为建构的产物，尽管这种建构并非是刻意的。

1949 年后，中国内地和港英当局都加强了边境管制，两地居民不再能够自由出入香港。边境的管制与隔离，让香港社会结构渐趋定型，香港社会开始从移民社会向住民社会转变。1961 年的人口普查表明，出生在香港的本地人已经超过香港总人口的一半。香港人不再与内地人分享共同的历史记忆和生活习惯，"香港人"作为一个独立概念逐渐产生，成为"香港本土意识"的第一个符号。香港本地精英开始提出"香港自治"的主张，其中最为典型的是 1953 年马文辉发动的"香港自治运动"。1953 年，马文辉创办香港联合国协会，争取在香港实现《联合国宪章》规定的"殖民地自治独立"。1964 年，马文辉成立香港第一个本土派政党"香港民主自治党"。马文辉本人被称为"香港本土派始祖"。不过，马文辉本人并没有主张"港独"，也并未抛弃中国人的身份，其所主张的自治是一种本土主义的自治，而非分离主义的自治。

20 世纪 70 年代，"中文运动""反贪污、捉葛柏""金禧事件"等一系列社会运动，是"香港本土意识"逐渐确立的推手，也是"香港本土意识"逐渐复杂化的推手。对于战后出生的香港居民，内地已经成为注定回不去的远乡，香港才是"生于斯、长于斯"的家园。移民心态的摆脱以及香港经济腾飞所带来的富足感，导致香港人一方面向殖民者主张自治权利，一方面产生了对于内地的优越感。"解殖"与"去内地化"交织，"香港本土意识"的两面性凸显，所指向的对象，也开始越来越明确地从殖民地开始转向有着意识形态之"夷夏大防"的内地转变。

及至香港回归和中央对港管制权的重建，内地和特区政府完全地代替殖民者，成为"香港本土意识"指向的对象，"香港本土意识"中的"解殖"因素随着殖民统治的结束而结束，"反中"成为"香港本土意识"最为核心的思想话语。"自由行"中暴露的内地居民与香港居民在生活习惯、文明素质和理念上的不同，又催化了"香港本土意识"的进一步"独化"。部分香港居民对于内地游客和内地的耐心被耗尽，排外情绪高涨，"反中"成为香港的"政治正确"。香港在政治改革和经济转型中的挫败，原因都被归咎于内地，内地也被承担着香港衰退的全部罪责。"香港本土意识"中最为激进的部分——"港独"——终于被释放出来了！

罔顾常识曲解香港历史

那么，"港独"是真实存在的么？答案当然是否定的。但是，"港独"

却已经在理论上形成了基本的体系——无论这个体系如何荒谬，甚至已经有了初步的组织形态。即便如此，"港独"依然是一种无处安放的意识，是一种注定无法实现的虚幻思潮。

"港独"的理论建构有着明显的人为痕迹，亦即：这种思潮并不是自然生发的，而是人为建构的。香港大学学生会主办的《学苑》杂志，建构了支撑"港独"的三大支柱，即"香港民族论""民主独立论"和"制宪建国论"。这三大支柱都刻意地模仿着"台独"团体的理论建构方法，甚至到了亦步亦趋的地步。"香港民族论"罔顾民族国家的基本原理和民族学、人类学的基本常识，在"香港人"概念基础上，臆造了一个并不存在的所谓"香港民族"，并套用民族自决权的理论，喊出了"香港民族，命运自决"的口号。"民主独立论"不顾 2014 年香港行政长官普选改革受挫的真实原因，将香港未能落实基本法普选规定的原因归咎于内地，认为只有"港独"才是实现"香港民主"的唯一路径。"制宪建国论"曲解基本法关于"五十年不变"的规定，将"五十年不变"理解为"香港独立"的大限，喧嚣所谓"制宪独立"……这一系列的理论，都在从根本上否弃"一国两制"，否弃基本法和特别行政区制度，甚至否弃作为"中国人"的基本认同。

"港独"的这些所谓理论当然是站不住脚的。"一国两制"的伟大实践和基本法的有效实施，特别是中央政府和内地对于香港长期繁荣稳定的承诺与支持，是香港迄今保持长治久安和生机活力的根本保障。香港人只有在"一国两制"的框架内，才能享有一个中国人的荣耀。所谓"香港民族""民主独立"和"制宪建国"完全没有注意到绝大多数香港居民和香港主流声音对于中国的眷念之情和依赖之意，完全没有意识到中央政府维护"一国两制"的决心。"港独"思潮在理论上异想天开、漏洞百出、逻辑混乱、罔顾常识，如果说不是臆造了香港的历史，也是曲解了香港的历史。

本土意识被民粹化，香港或永无宁日

当然，恐怕"港独"理论的建构者们也未见得真的相信所臆造的这套理论能够在香港实现。问题也在于此，当理论无法奏效时，激进的"本土主义"者开始采取非和平手段制造影响，实现目的。"旺角暴乱"是一次香港激进本土势力的表演，也是"港独"暴力化、民粹化的表现。"旺角暴乱"中，香港激进本土势力所声称的"捍卫香港本土特性"，成为暴力的托辞和借口。香港人、香港本土特性，这样一些本应属于地域的概念，被刻意地与内地、中国等进行了对立。"香港本土意识"在"独化"的同时，也被民粹化。一旦被民粹化，"香港本土意识"将沦为没有本土内涵的概念空壳，"港独"也会随之成为一项香港长久的政治议题。这个议题的关键并不在于它能够获得解决，而是会成为撕裂香港社会的红线，成为随意张贴的政治标签，成为香港"爱恨情仇"的政治标准。彼时，香港社会可能将永无宁日，"香港本土意识"将真的无处安放！

发表日期：2016 年 4 月 19 日

原文出处：载《国际先驱导报》2016 年 4 月 19 日

人大释法有理有利有节

十一月七日，全国人大常委会全票通过对《基本法》一〇四条的解释草案，要求香港特区公职人员在就职时必须"真诚、庄重地进行宣誓"，宣誓人如故意歪曲誓言或以"不真诚、不庄重"的方式宣誓，即丧失就任资格。

本次"人大释法"堵塞了"港独"试图进入香港特别行政区体制之内的道路，也得到多数港人的真心拥护和欢迎。但是，仍有不少人士对释法提出质疑，认为释法等同于"重写《基本法》"、"破坏香港法治"和"收回赋予特区的自治权"。事实上，本次人大释法有理有利有节，并不存在任何"破坏香港法治"之说，反而是维护香港法治的必要之举。

维护"一国两制"必要举措

本次人大释法是维护"一国两制"的必要举措，彰显了中央遏制当前甚嚣尘上的"港独"势力的决心与信心。"一国两制"是中央治港的既定方针，它尊重历史现实，符合维护国家主权和领土完整的基本原则，也有利于香港特区的长期繁荣与稳定。"港独"言行突破了"一国两制"的底线，公然挑战国家主权和领土完整，与香港的根本利益背道而驰。"宣誓闹剧"以侮辱国家和民族的方式宣扬"港独"，给香港带来了极坏的社会影响，但特区未有足够的法律机制予以约束和惩治。在这种情况下，中央及时出手，以法定的程序和限度对宣誓条款进行解释，表明反对"港独"和捍卫国家主权的决心，不论从法理、民意或政治现实来看，都是无可指摘的。

本次人大释法是维护香港繁荣稳定的必要举措，符合香港特区利益。"港独"分离势力不得人心，其暴力和极端言行破坏了香港市民最珍视的法治。"港独"组织蓄意制造社会对立，不利于香港特区的繁荣稳定，也损害了香港特区的根本利益。本次"宣誓风波"更令立法会陷入瘫痪状态，亟待讨论和解决的民生议题被迫押后，给香港市民带来巨大损失，对于香港社会可以说是"有百害而无一利"。遏制"港独"势力的扩张，是包括香港同胞在内全体中国人民的神圣职责。适时通过人大释法澄清一些有争议的问题，以立法原意解释宣誓条款，明确《基本法》遏制和反对"港独"的原意，符合香港绝大多数市民的利益，也符合香港全社会的利益，更加符合中华民族的整体利益。

并无破坏香港司法独立

人大释法符合法定程序和法定限度，并无干涉香港特区的高度自治，亦无破坏"一国两制"或动摇"一国两制"信心之虞。根据《基本法》第一五八条第一款，《基本法》的解释权属于全国人大常委会。即是说，解释《基本法》，既是全国人大常委会的权力，也是全国人大常委会的职责。那种认为全国人大常委会只能应终审法院之请解释《基本法》的观点，只是一种误解或刻意的歪曲。全国人大常委会得在其认为必要的时候，对《基本法》的任何条款进行解释，这是基本法明文所载的！本次人大释法是全国人大常委会行使法定职权的表现，并没有干预香港特区的高度自治。释法条文既表明了解释的立场和态度，又将解释的内容限定在争议所涉及的条款范围之内，显示出了中央对于"港人治港"的尊重，也体现了中央希望香港内部治理问题能够妥善解决的最大诚意，并不存在任何破坏香港特区司法独立的问题。

总而言之，适时解释《基本法》是遏制"港独"势力、维护香港繁荣稳定、捍卫国家主权和领土完整的必要举措，在政治的原则性和政策的灵活性上把握了较好的尺度，符合依据基本法治理香港的承诺，也表现出中央依据基本法遏制"港独"的决心与信心，必将帮助香港基本法秩序更加成熟与完备。

发表时间： 2016 年 11 月 9 日

原文链接： 载《大公报》2016 年 11 月 9 日，http：//www.takungpao.com.hk/finance/text/2016/1109/36718.html

遏制两"独"合流还需依靠"一国两制"

近期，有媒体报道香港社会运动的"学生领袖"周永康、黄之峰等在台湾地区领导人选举后赴台，向台湾地区以"时代力量"为代表的第三势力"取经"，并暗示港台两地"激进力量"合作的未来，试图将"台独"运动的元素纳入香港的政治光谱中，推动"台独"和"港独"的合流。

两"独"合流早有端倪。在"台独"的论证体系中，"民主独立"是重要的一个环节，"民主"作为一种可理解的正当诉求，在政治力的操弄和包装下，成为对抗"外来政权"和"中国法统"的口号，进而推演出具有浓郁民族主义色彩的"独立"话语。这套话语体系论证了从"本土化"到"独立"的逻辑链，并成为台湾地区自1990年以来"宪政改革"的理论支柱之一。"民主独立"也成为香港部分社群论证"港独"的理论依据。香港学者王家英曾经说过，香港与台湾的历史发展确实有很不相同的地方，但自从20世纪80年代末期以来，两地民主化的过程中，却不约而同地面对一个因素的"困扰"：中国大陆因素。共同的所谓"困扰"以及"台湾民主"成功的虚像，让"民主独立"的台湾故事有了一份"香港镜像"。海峡对岸的戏码还未演罢，香江对岸的闹剧已然开演。"民主独立"的喧嚣演变成了台北和香港的"双城记"。

2014年以来，台湾和香港的社会运动又表现出令人心悸的一致性。在台湾，"太阳花学运"和"反课纲"运动迭次登场，社会呈现出高度对立的态势。在香港，"占中"运动将潜藏多年的内地与香港矛盾彻底摆上台面，"港独"借助"香港本土意识"的概念外壳突破隐秘的只言片语，成为一项有着重要影响力的政治思想。港台两地的社会运动，都出现了"泛政治化"的倾向，也都产生了各自所谓的"政治明星"。在"太阳花学运"中，"时代力量"异军突起，并在2016年台湾地区民意代表选举中一举获得五个席位，超过传统第三党亲民党和老牌"台独"政党"台联党"，成为台湾地区新的第三政党。在香港，在"占中"中形成并崛起的第三势力成为香港政坛一支不可忽视的力量，具有较强的舆论影响力，甚至借助网络新媒体占据舆论的话语高地。黄国昌、林飞帆以及周永康、黄之峰等港台青年一代也借此走上政治舞台。

这种社会运动的一致性，既不是所谓港台社会演进规律所致，更不是两地共同对抗的需求引发，而是一种借鉴、学习乃至模仿的人为结果。"台独"和"港独"不仅在政治理念、行为模式、宣传手段等方式上高度接近，而且在人员往来上也是十分频繁。民进党重新在台湾地区执政以及社会运动中崛起的"时代力量"成为第三党，对于"港独"分子也形成了巨大的鼓舞。香港"学生领袖"赴台"取经"，已经表明两"独"合流的趋势已经越来越明显。不论是"台独"还是"港独"，都以分裂国家为目的，都具有相对完备的组织形态，都主要依托反法治的"街头运动"，都已经在各自社会形成了一定的影响力，成为危害中华民族整体利益的"毒瘤"。两"独"合流，将"独"派思想相互传播和借鉴，特别是在不同场合相互呼应、支持，将推动反"台独"和反"港独"斗争面临更加复杂和更加艰巨的局面。

不仅如此，台湾的"民主独立"已经造成了台湾地区族群撕裂、社会泛政治化的严重后果，也导致台湾陷入"去中国化""逢中必反"的政治泥沼。香港的社会运动也开始出现同样严重的后果，香港社会亦开始出现族群话语和"抗中"情绪。这些不仅危害了大陆（内地）与台湾、香港的关系，而且对于台湾、香港自身的发展也产生了难以估量的负面影响。台湾和香港在2014年后都遭遇了经济社会发展的艰难期，台湾因"反服贸"以及随之而来的经济议题民粹化导致自我封闭，香港因"占中"以及对内地游客的排斥运动导致经济萧条，这些与两地的"独立"思潮泛滥有着直接的原因！两地相关社群，不思考问题产生的根源，不放弃"独立"思潮，反而为社群和个人的利益谋求合流，实际上已经完全背离了他们所声称代表的两地人民。

不论"台独"还是"港独"，说到底都是中国实现完全统一这一历史潮流中的些许逆流，不论两者是相互孤立，还是合流，都无法阻挡国家统一的历史趋势。"台独"和"港独"各自托名所谓"本土意识"，殊不知，本土意识乃是一种依附于本乡本土的地方意识和乡土意识，绝不是一种"国家意识"！台湾意识产生于台民反抗日本殖民统治的斗争之中，"香港本土意识"产生于香港民众艰难创业的历史进程之中，两者都是当地民众爱乡爱土意识的体现，都表达了民众对于台湾或者香港这片土地的热爱，也都是包容在中华意识中的地方意识。两"独"合流在根本上与两地的本土意识背道而驰，爱乡爱土的"台湾意识"和"香港本土意识"绝不能为"台独"或者"港独"所窃取！

必须认识到，台湾和香港毕竟与祖国大陆（内地）隔绝多年，政治、经济、社会和文化情势特异性明显。解决台湾问题和香港问题，必须坚持在一个中国框架内包容差异性的策略，以"同意歧见"的方式推进"一国两制"，始终将"一国两制"作为包容两岸、两地差异性的根基。"一国两制"是"底线思维"和"策略思维"的结合。一个中国原则划定了大陆和台湾、内地和香港交往的底线，"两种制度"决定了两地和谐共处的基本方式。"一国两制"已经为解决国家统一和社会融合问题提供了最为可靠，也是对台湾、香港最为有利的路径。在"一国两制"的框架内，大陆和台湾、内地和香港的不同声音、不同主张通过充分地沟通、交流乃至博弈、妥协，最终形成有利于国家统一和社会融合的共识。香港回归以来、台湾地区 2008年以来的历史事实已经证明：顺应"一国两制"则昌，违逆"一国两制"则衰。"一国两制"不仅保障了国家统一，也为台湾和香港的发展提供了条件和机会。真正对台湾和香港负责的人们应该认真思考两地的未来，压制住"独立"思潮在两地的泛滥，更需防范和抑制两"独"合流，杜绝"台独"和"港独"沆瀣一气、联手乱华的闹剧上演。

发表时间：2016 年 2 月 1 日

原文链接：http：//www.chbcnet.com/zjps/content/2016 - 02/01/content _ 1213880.htm

后　　记

　　台港澳问题的实时性和事件性特征，决定了对于台港澳问题的研究既需要从理论角度进行思考，构建起相应的理论框架，借助特定的理论工具和方法，围绕问题开展研究，也需要围绕某一特定的事件，立基于一定的政治立场，进行分析与评论。本书汇集了我 2014 年至 2016 年间在涉港澳台媒体发表的时评文章 56 篇，与我撰写的学术专著和论文一样，也是我近年来关注与思考两岸及港澳法制问题的心得与成果。

　　本书缘起于华艺广播网记者贾娜老师的动议。正是她的邀请与鼓励，我才开始关注台港澳时事评论的相关工作。随着时评文章数量的累积，我产生了结集出版的设想，原定的计划是一个以五年为期的"中远期规划"，没想到两年后即能够付诸实现。目前，台港澳的时评工作和基于项目的理论研究工作，共同构成我台港澳问题研究的整体。当然，本书只是我关于台港澳问题的第一本时评集，后续将根据时评文章的数量累积程度适时接续辑录出版。

　　本书虽然粗糙，但也获得了很多老师、领导和朋友的关心。我的时评文章相当一部分发表在华艺广播网的时评专栏上，感谢贾娜老师的热情推荐与督促，才让我能够坚持写作。同时感谢华艺广播公司的王双阳总编、黄影主编、艾然老师、季苓老师、易绍杰老师、陈建伟老师等领导与老师的支持与关心。感谢华艺广播电台"声动两岸"栏目组郭惠苏（石磊）、孙浩、崔泾三位主播，尽管与三位主播见面甚少，但每周一次的直播连线已经让我们成为最熟悉的朋友。感谢《中国评论》（香港）杂志社周建闽主编的邀请，让我得以在《中国评论》这样享誉台港澳的杂志上高频率发表长篇评论，一展胸臆。感谢《大公报》的潘江鲲老师、《两岸视点》的王竞帆老师、《国际先驱导报》的邓媛老师等对我的邀请与帮助，也感谢全国港澳研究会领导和老师对我涉足港澳事务时评的邀请、推荐与支持。

　　同时，恩师周叶中教授长期关心和支持我的台港澳研究工作，也多次对我撰写的时评文章专门打电话发表指导性意见，对于恩师一如既往的关心、关照与关爱，我时刻感怀于心。感谢周志怀、秦前红、刘国深、彭莉、陈动、邹平学、张定淮、杜力夫等老师对我的教导与帮助，感谢长期与我共同思考台港澳问题的朱松岭、王英津、严峻、陈星、伍华军、刘文戈、叶正国、段磊等师友，感谢九州出版社王守兵老师一直以来的支持与帮助，感谢责编历俊杰老师的辛勤付出。本书所辑录的时评，也多为武汉大学两岸及港澳法制研究中心的公众号"WHU 两岸及港澳法制"转载，两位编辑同学王萌、熊林曼为此付出了大量的时间与精力，我的硕士研究生秦玲协助我整理、校正了全部书稿，博士研究生章小杉、游志强、宋静也为我分担了相当的事务性工作，在此向各位同学一并表示感谢。

我也真诚地期待各位读者的批评与指正，我们坚信：没有大家的批评，我们就很难正确认识自己，也就不可能战胜自己，更不可能超越自己。

祝 捷

于武汉大学珞珈山

2017 年 2 月 3 日立春